Die Uhr tickt.

von

Werner Leippold

Herstellung und Verlag:
BoD - Books on Demand, Norderstedt

ISBN: 9783743194168

		Seite
Inhaltsverzeichnis		3
L.E.B.EN mit Vitalisten		7
Vitalisten Übersicht		13
Kapitel A: Das Loslassen		17
A.1	Entscheiden	19
A.2	Entschleunigen	21
A.3	Entspannen	23
A.4	Lachen	25
A.5	Relaxen	27
A.6	Entrümpeln	29
A.7	Sich erinnern	31
A.8	Beobachten	33
A.9	Entkalken	35
A.10	Entrosten	37
A.11	Entgiften / Fasten	39
A.12	Lösen / Trennen	43
A.13	Vergeben	45
A.14	Träumen	47
A.15	Lernen	49
A.16	Entwickeln	51
A.17	Wachsen	53

Kapitel B: Energie tanken 57

B.1	Stoffwechsel	59
B.2	Atmen	61
B.3	Trinken	63
B.4	Essen	65
B.5	Kohlehydrate	69
B.6	Fett	71
B.7	Eiweiß	73
B.8	Aminosäuren	75
B.9	Vitamine	77
B.10	Vitamin A	79
B.11	Vitamin B	81
B.12	Vitamin C	83
B.13	Vitamin D	87
B.14	Vitamin E	89
B.15	Vitamin K	91
B.16	Vitalstoffe	93

Kapitel C: Das Bewegen 97

C.1	Laufen / Joggen	99
C.2	Heben / Muskeln	101
C.3	Beugen / Beweglichkeit	105
C.4	Schwitzen / Saunieren	109

Kapitel D: Eigenverantwortung 115

Literaturverzeichnis 121

L.E.B.EN mit Vitalisten

Heute ist der erste Tag vom Rest deines Lebens. Was fängst du damit an?" Diese Frage darf immer wieder jeder für sich selbst beantworten. Dabei lassen sich aus meiner Sicht drei grundsätzliche Einstellungen unterscheiden:

1. **Die Nihilisten**, die positive Lebenseinstellungen aus Prinzip ablehnen. Durch die gedankliche Orientierung am Nichts folgt der Nihilist ausschließlich seinen Trieben und Neigungen. Ihm ist demzufolge alles erlaubt. Nichts macht Sinn. Also wozu sich Gedanken machen über das Morgen. Die Uhr stellt eh mal das Ticken ein.

2. **Die Gezeichneten**, die überzeugt sind, dass mehr oder weniger alles in übergeordneter Hand liegt, sie daher wenig Einfluss auf die Gestaltung ihrer letzten Jahre, die Restlaufzeit haben. Und ein Blick auf ihre Wehwehchen bzw. die üblichen Zivilisationskrankheiten Rückenleiden, Diabetes, Krebs, Demenz genügt ihnen für die Bestätigung der Richtigkeit ihrer Einstellung. Die Gene sind es. Oder um es anders auszudrücken: Meine Probleme sind doch ziemlich normal, da es Vielen ähnlich oder gar noch schlimmer geht.

3. **Die Vitalisten**, die überzeugt sind, dass es für **LEBEN** nie zu spät ist. Und nie zu früh, um damit zu beginnen. Allerdings: Je früher ich starte, desto größer sind meine Chancen, auch im hohen Alter vital zu sein und das Leben in vollen Zügen genießen zu können. **L.E.B.** ist ein Akronym, das für die Handlungsstrategien ‚Loslassen', Energietanken' und „Bewegen' steht. Mit bemerkenswerten Eigenschaften: Rezeptfrei, klimaneutral, nachhaltig. Und **EN** steht für Energie. Also: **L.E.B.EN**.

DER SPIEGEL berichtete am 14.07.2016 in seiner Ausgabe Nr. 24 auf Seite 114ff über die **Douglas-Babys**, eine Studie, die kurz nach dem 2. Weltkrieg von einem Arzt begonnen wurde. Es wurden damals alle Kinder erfasst, die zwischen dem 3. und 9. März 1946 geboren wurden. Das waren exakt 13.687. Die wurden alle 3 Jahre interviewt, beziehungsweise deren Eltern. Die Ergebnisse wurden 2016 veröffentlicht und können Mut machen, falls man nicht zu der Gruppe der Nihilisten zählt:

„Die Herausforderungen des Lebens mögen uns auf eine bestimmte Bahn setzen, aber es obliegt uns, die Richtung zu ändern". So die Autorin **Helen Pearson in „The Life Project". Allen Lane, London; 412 Seiten.** Wir haben es demzufolge mit unserem **Lebensstil** selbst in der Hand: Gesundheit, Krankheit, Steifigkeit, Beweglichkeit,

Lebensdauer, Zufriedenheit und Glück. Das ist die zentrale Aussage der **Epigenetik**. Der französische Genomforscher **Daniel Cohen** meint: „Das Angeborene zählt 100 Prozent; das Erworbene zählt ebenfalls 100 Prozent." Und der deutsche Epigenetiker Professor **Joachim Bauer** sagt: „Das Geheimnis liegt nicht im Text der Gene, sondern in der Regelung ihrer Aktivität." Oder in anderen Worten: „An jedem Gen sitzen Genschalter, die entscheiden, ob das Gen aktiv, nur gedrosselt aktiv oder komplett ausgeschaltet ist. Abhängig von Umwelteinflüssen – also vom Lebensstil."

Dr. Ulrich Strunz, Der Schlüssel zur Gesundheit, München 2016, S. 23.

Die Uhr tickt. Natürlich auch bei mir. Rückblickend auf die ersten sechs Jahrzehnte sehe ich, dass Mutter Natur uns immer wieder Möglichkeiten bietet, das Leben nach den eigenen Vorstellungen zu gestalten. Dafür stehen uns **Vitalisten** im Sinne ungeschliffener Diamanten, Nuggets oder Perlen zur Verfügung. Diese kann ich allerdings nur dann nutzen, wenn ausreichend **Energie** da ist, beziehungsweise ich dafür sorge. Ohne diese habe ich dauerhaft weniger Chancen. Fehlt der innere Antrieb, verharre ich immer mehr im Gefängnis meiner Gewohnheiten. Ich verliere peu a peu meine Vitalität, meine Unabhängigkeit, meine Selbstbestimmung.

Übrigens, in Vitalität steckt ‚Vita', kommt aus dem Lateinischen und bedeutet ‚LEBEN', einschließlich einer Art Gebrauchsanleitung:

   L. oslassen
   E. rnähren
   B. ewegen
   EN. ergie

Daraus habe ich meine **Vitalisten** abgeleitet, **LOSLASSEN** mit Entspannung, Entlastung und Entwicklung, **ERNÄHREN** mit Atmen, Trinken, Essen, Glauben, **BEWEGEN** mit Ausdauer, Beweglichkeit und Kraft. Dies sind für mich Lebensstrategien, quasi Epigene, also die Schalter, die ich blockieren, halb oder auch ganz umlegen kann. Als ich das verstanden hatte, fehlte nur noch zu wissen, **wie und was ich an meinen Energieschrauben drehen** kann. Und dann könnte es sinngemäß so aussehen, wie es Udo Jürgens besungen hat in „**Mit 66 Jahren, da ...** ":

„Ihr werdet Euch noch wundern, wenn ich erst Rentner bin. Sobald der Stress vorbei ist, dann lang ich nämlich hin. Da föhn' ich äußerst lässig, das Haar, das mir noch blieb. Ich ziehe meinen Bauch ein, und mach auf heißer Typ. Und sehen mich die Leute, entrüstet an und streng, dann sag ich meine Lieben, ihr seht das viel zu eng.

Ich kauf' mir ein Motorrad und einen Lederdress, und fege durch die Gegend, mit 110 PS. Ich sing im Stadtpark Lieder, dass jeder nur so staunt und spiel' dazu Gitarre, mit einem irren Sound. Und mit den and'ren Kumpels vom Pensionärsverein, da mach ich eine Band auf und wir jazzen ungemein.

Und abends mach ich mich, mit Oma auf den Weg. Dann gehen wir nämlich rocken, in eine Diskothek. Im Sommer bind' ich Blumen, um meine Denkerstirn, und tramp' nach San Francisco, mein Rheuma auskurieren. Und voller Stolz verkündet, mein Enkel Waldemar, der ausgeflippte Alte, das ist mein Opapa

Mit 66 Jahren, da fängt das Leben an.
Mit 66 Jahren, da hat man Spaß d daran.
Mit 66 Jahren, da kommt man erst in Schuss.
Mit 66 Jahren, ist lang noch nicht Schluss."

Kein Mensch gleicht dem anderen zu hundert Prozent. Auch eineiige Zwillinge nicht. Jeder von uns ist ein **Unikat**, mit Stärken und Schwächen, teils von Mutter Natur so ausgestattet, teils bedingt durch unsere Lebensumstände und unseren Lebensstil. Diese **Individualität, Einzigartigkeit** sehe ich auch in unserem **Geist**, unserem **Körper**, unserer **Seele**. Heute ist für mich leicht nachvollziehbar, dass ein oder zwei Gläser Rotwein den einen müde, den anderen dagegen redselig machen. Daraus folgt, dass alle Stellschrauben meiner Vitalität **(= Vitalisten)** immer wieder feingetunt werden müssen. Eigentlich genau so wie bei jedem Formel-1-Boliden. Gilt dort nicht auch das Prinzip **‚Versuch und Irrtum'**? Wie im Leben, zumindest in meinem.

Aus diesen Gründen habe ich entschieden, dass im Folgenden sich jeder einzelne Vitalist persönlich einführt und vorstellt. Das literarische Stilmittel dafür ist die **ICH-Form**. Ich bin mir im Klaren darüber, dass dies als ungewohnt empfunden werden kann. Ungewohnt? Liegt nicht gerade darin der Reiz jedes Neuen? **Leben ist das Gegenteil von Stillstand.** Tot oder lebendig ist hier das Thema. Ich plädiere für L.E.B.EN.

Verzeichnis der Vitalisten

Vitalist	Stichwort	Seite
Aminosäure	BCAA	75
Atmen	Sauerstoff	61
Beobachten	Neugier	33
Beugen	Beweglichkeit	105
Bewegen	Douglasstudie	97
Eisen	Energie	95
Eiweiß	Protein	73
Energie tanken	Biologische Uhr	57
Entgiften	Fasten	39
Entkalken	Arginin	35
Entrosten	Telomere	37
Entrümpeln	Horten	29
Entscheiden	Aufschieberitis	19
Entschleunigen	Nein-Sagen	21
Entspannen	Reflex-Tiefschlaf	23
Entwickeln	Huna	51
Erinnern	Positives Denken	31
Essen	BMI	65
Fett	Omega-3	71
Heben	Muskelkraft	101
Kohlehydrate	Ketose	69
Lachen	Lächeln	25

Laufen	Joggen	99
Lernen	Blutgefäße	49
Lösen	Trennen	43
Loslassen	Vision	17
Magnesium	Innere Ruhe	93
Relaxen	Chillen	27
Schwitzen	Saunieren	109
Sich erinnern	Positives Denken	31
Stoffwechsel	Metabolismus	59
Träumen	Visualisieren	47
Trinken	Wasser	63
Vitalstoffe	Mineralien u.a.	93
Vitamine		77
Vitamin A	Augenvitamin	79
Vitamin B	B3-B6-B12	81
Vitamin C	Skorbut	83
Vitamin D	Knochenvitamin	87
Vitamin E	Antioxidans	89
Vitamin K	Blutgerinnung	91
Vergeben	Verzeihen	45
Wachsen	HGH	53
Zink	Immunsystem	94

Kapitel A: Das Loslassen

Spätestens jetzt ist meine Zeit gekommen. **Loslassen**. Streife die Fesseln des Alltags, der Terminzwänge, der Hetze ab. Endlich:

- Statt Anspannung ist **Ent-Spannung** angesagt
- Statt Belastung wartet nun **Ent-Lastung**
- Statt Warten-auf ... beginnt **Ent-Wicklung**.

Mach dein Ding – dafür hat sich **Udo Lindenberg** schon sehr frühzeitig entschieden. Jetzt haben wir endlich die Zeit. Können wir noch träumen, so wie der Altrocker ganz zu Beginn seiner Karriere?

„Als ich noch ein junger Mann war, saß ich locker irgendwann da, auf der Wiese vor'm Hotel Kempinski. Trommelstöcke in der Tasche, in der Hand ne Cognacflasche und ein Autogramm von Klaus Kinski. Guckte hoch aufs weiße Schloss, oder malochen bei Blohm& Voss. Nee irgendwie, das war doch klar, irgendwann da wohn ich da. In der Präsidentensuite, wos nicht reinregnet und nicht zieht, und was bestell ich dann? Dosenbier und Kaviar.

Und ich mach mein Ding, egal was die anderen sagen. Ich geh meinen Weg, ob gerade ob schräg, das ist egal. Ich mach mein Ding, egal was die anderen labern. Was die Schwachmaten einem so raten, das ist egal. Ich mach mein Ding.

Ja, ja, wenn das alles mit mir, dem Loslassen, so einfach wäre. Jahrzehnte haben einen geprägt, jeder hat **Routinen** entwickelt. Das Leben hat bei dem einen mehr, dem anderen weniger an Narben hinterlassen, körperlich und seelisch. Keine Frage. Und doch: Wir sind frei, haben einen Kopf zum Denken, zum Träumen, zum Phantasieren. In der Bibel steht nicht zufällig: „Am Anfang war das Wort." **Wie lautet dein Wort, deine Vision zu Beginn der Restlaufzeit deines Lebens?**

Summa summarum benötige ich, also das Loslassen, eine Menge **Mut**. Denn Loslassen bedeutet, neue Wege beschreiten, Dinge tun, die ich vorher nicht getan habe, Blicke und Kommentare anderer aushalten, die kein oder nur wenig Verständnis für das haben, was ich nun mache oder machen möchte. Es darf niemand erwarten, dass unsere lieben Kinder, Enkelkinder, Verwandte und Freunde sich für **unser Ding** begeistern. Sollten sie es tun, Gratulation. Wenn nicht, ist das zwar nicht schön, aber auch keine Katastrophe. Zumindest für diejenigen, die gelernt haben loszulassen. Mach dein Ding. Lass es los.

A.1 Entscheiden

Nicht wenige werden sich fragen, warum ich, **das Entscheiden**, ein Vitalist bin. Ich sehe das so: Mein Kontrahent ist das Nicht-Entscheiden, also das Aussitzen, das Verdrängen, das Schieben. Wer sich mit dem Thema **Zeitmanagement** beschäftigt, weiß Bescheid über die Modeerkrankung ‚Aufschieberitis'. Ein Ergebnis davon ist, dass sich damit an der gegenwärtigen Situation nichts ändert. Wer das verstanden hat, muss dann nur noch mit den Konsequenzen der Nicht-Entscheidung leben. Konkret: Wenn ich mich immer wieder über Knöllchen ärgere, kann ich weiter wild parken und mich damit eben weiter ärgern. Oder ich entscheide und ändere mein Tun. Nicht morgen, nein, ab sofort. Wer es erst ab morgen tun möchte, läuft Gefahr, dass er noch länger Opfer der **Aufschieberitis** bleibt.

Sich entscheiden ist eine komplexere Geschichte als es auf den ersten Blick aussieht Es bedarf dazu nämlich einiger grundlegender Fähigkeiten:

1. **JA-Sagen-Können**. JA-Sagen heißt **nicht, ja aber**, sondern JA, ohne Wenn und Aber.
2. **NEIN-Sagen-Können**. Heißt ganz konkret, Trennung, Tschüss, Abkehr von der Alternative. Und auch das ohne Wenn und Aber.

3. **Bereitschaft, Verantwortung** für das eigene Tun übernehmen. Ich habe so entschieden. Nicht andere, nein, ich alleine.
4. **Mut zeigen.** Wer Entscheidungen trifft, wird auch mal daneben liegen. Nach dem Kirchgang ist mancher klüger als vorher.

KÖNNEN ist ein hoher Anspruch. Viele verwechseln das mit **KENNEN**. Klar, kennen tue ich auch viel. Können schon weniger. Können bedarf Übung, Training, also **TUN**.

Love it, leave it oder change it. But do it.

Ich verstehe das so: Entweder ich akzeptiere das Problem, dass es nun mal so ist. Oder ich lasse das Problem los, verabschiede mich von ihm. Oder ich ändere die Situation mit dem Problem und engagiere mich aktiv für eine Veränderung. In allen Fällen muss ich aktiv werden, muss entscheiden, was ich möchte. Und es dann tun.

Summa summarum bin ich, das **Entscheiden**, vielleicht der wichtigste Vitalist. Doch Vorsicht: Auf unserem Wochenmarkt gibt es einen Stand mit dem Versprechen: Der beste Käsekuchen der Welt. **Vielleicht.**

A.2 Entschleunigen

In dem Zeitalter von „immer höher, immer weiter, immer schneller" erscheine ich, **das Entschleunigen,** wie ein Exot. Okay, einen Formel-1-Fahrer sollte man vielleicht nicht über mich meditieren lassen. Wäre wohl kontraproduktiv. Mit Entschleunigung wird umgangssprachlich ein Verhalten beschrieben, aktiv der beruflichen und privaten Beschleunigung des Lebens entgegenzusteuern, wieder langsamer zu werden. So weit so gut. Ein altes Sprichwort sagt: „**In der Ruhe liegt die Kraft.**" Das gefällt mir. Auf jeden Fall besser als die mittlerweile überall zu beobachtende Hektik mit Multi-Tasking in allen Lebenssituationen.

Der permanente Beschleuniger, der Hektiker ist in unserer Leistungsgesellschaft ein gern gesehener Akteur. Versucht sie/er doch, möglichst viel in möglichst kurzer Zeit zu erledigen. Am besten sofort, also zum Beispiel Autofahren mit Freisprecheinrichtung, damit man der Sekretärin auch bei Tempo 160 noch schnell eine ganz wichtige Mail diktieren kann, das iPad auf dem Beifahrersitz, um jederzeit eingehende ‚Messages' im Blick zu haben. Es könnte ja etwas ganz Wichtiges dabei sein. Zudem wird erwartet, von Chef, Kunden und dem Rest der Welt, dass Adam und Eva ihre Anliegen sofort erledigen. Wozu gibt es denn sonst die neuen Medien mit den Apps?

Genug festgestellt. Wie kann ich aktiv entschleunigen? Passiv bleiben funktioniert leider nicht. Keine/r wird mir Entschleunigung abnehmen, denn es ist richtige Arbeit ist, zum Beispiel

o NEIN sagen, wenn jemand meint, dass ich mal wieder ganz schnell irgend Etwas tun soll
o NEIN sagen, wenn mein Terminkalender wirklich kein offenes Zeitfenster mehr hat
o NEIN sagen, weil ich jetzt auch mal für mich eine kleine Auszeit nehmen möchte
o NEIN sagen zu täglich neuen Apps
o JA sagen zu dem Button, der iPhone, iPad oder iBook ruhen lässt.
o JA sagen für mobile-freie Zeiten.

Übrigens, es soll auf unserem Planeten sogar Menschen geben, die ohne Facebook, Twitter und andere soziale Medien glücklich sind.

Summa summarum: Mich, die **Entschleunigung, kann jeder lernen**. Dazu bedarf es zum einen den **Willen** dazu, zum zweiten die **Konsequenz** es zu tun und drittens, den **Mut**, sich dem Mainstream entgegenzustellen. Wie heißt es doch so treffend: Wer zur Quelle möchte, muss gegen den Strom schwimmen. Das ist **absolut altersunabhängig**. Es gibt nichts Gutes, es sei denn, man tut es.

A.3 Entspannen

Ich lasse hier mal Dr. Google für meine Familie sprechen: „**Entspannungsverfahren** sind übende Verfahren zur Verringerung körperlicher und geistiger Anspannung oder Erregung. Körperliche Entspannung und das Erleben von Gelassenheit, Zufriedenheit und Wohlbefinden sind eng miteinander verbunden. ... Für die Übung der Entspannungsverfahren gibt es ritualisierte Settings, in denen eine bestimmte Zeitdauer der Übung mit festgelegten Übungsphasen ... vorgegeben werden." Allgemein bekannte Verfahren sind:

o Autogenes Training
o Progressive Muskelentspannung
o Meditation
o Yoga
o Qigong
o Reflextiefschlaf

Im Hinblick auf die Restlaufzeit will ich auf ein spezielles Mitglied meiner Familie besonders eingehen, den **Reflextiefschlaf**. Genial. Warum? Er ist schnell zu erlernen und spart Zeit in der täglichen Umsetzung.

Altbundeskanzler **Helmut Schmidt** soll ein Meister in der Anwendung gewesen sein: Kaum ins Auto gestiegen, weilte er wohl in Sekundenschnelle schon im Tiefschlaf. Aus dem Schlaflabor wissen wir, dass zwanzig Minuten Reflextiefschlaf ungefähr zwei Stunden Schlaf ersetzen.

Bei dieser Methode wird neben körperlicher Entspannung gleichzeitig höchste passive Konzentration geübt, d.h. die Fähigkeit, einen Gedanken für kurze Zeit unverändert im Zentrum unseres Bewusstseins zu halten (‚Danebendenken'). Das funktioniert jedoch nur in Verbindung mit einer ganz bestimmten Atemtechnik, dem bewussten **AUSATMEN**. Also nicht Einatmen, wie wir das ganz automatisch bei Stress, Ärger oder Gefahr tun, sondern Ausatmen. Dadurch steigt automatisch der Calciumspiegel. Wir werden ruhiger, entspannter, belastbarer.

Summa summarum: Mich, die **Entspannung, kann jeder lernen**. Für mich ist es nie zu früh, aber auch nie zu spät. Der Übende erlernt im Laufe der Zeit seine Gedanken und seinen Körper bewusst zu beeinflussen. Dies führt zu einer Steigerung des Wohlbefindens beziehungsweise Linderung des Problemempfindens. Man erfährt am eigenen Körper, an Geist und Seele die wohltuende Wirkung von **Selbstkontrolle und Selbstkompetenz**. Ein starkes Gefühl.

A.4 Lachen

Im Moment befinde ich mich in einer prekären Situation. Warum? Weil ich mich vorstellen wollte mit der Einführung: „Bitte jetzt nicht lachen. Nimm mich ernst!" Und genau so meine ich das auch. Nimm mich, **das Lachen**, ernst.

Jeder weiß, dass ich, also das Lachen, gesund bin. Aber warum laufen dann so viele Menschen mit hängenden Mundwinkeln durch die Gegend? Ich denke, weil das Leben selbst viel zu ernst ist. Diesem Ernst gilt es was dagegen zu setzen. Lachen ist wissenschaftlich erforscht. Das nennt man **Gelotologie (Lachforschung)**. Aber Vorsicht! Wer es mit mir übertreibt, braucht sich nicht wundern. Denn so richtig in Form kann ich den menschlichen Körper erschüttern, biegen, verkrümmen, bis hin zum Muskelkater. Auch die Stimme kann durch Gackern, Wiehern oder Brüllen heiser werden. Also Vorsicht. Bezüglich der Nebenwirkungen ist allerdings der Rat des Arztes oder Apothekers nicht unbedingt erforderlich.

Es ist erstaunlich, wie wenig über mich bekannt ist. Bei mir arbeiten 17 Gesichtsmuskeln, Brustkorb, Zwerchfell und Bauchmuskulatur zusammen. Die Atmung wird schneller und tiefer, da sich die Lungen ausdehnen. Ich bin quasi eine ganz besondere Art von Sport: Ohne bewusste körperliche Anstrengung. Die Gelotologie hat in den letzten Jahrzehnten wissenschaftlich bewiesen, dass ich

- die Produktion der Stresshormone Adrenalin und Cortisol reduziere,
- das Immunsystem stärke,
- die Atmung vertiefe,
- den Glücksbringer Endorphin frei setze,
- das Herz-Kreislaufsystem aktiviere,
- den Stoffwechsel in Schwung bringe,
- die Verdauung anrege,
- und Verspannungen lösen kann.

Und die ruhigere Variante von mir wirkt darüberhinaus beziehungsanregend. Lächeln ist bekanntlich die kürzeste Verbindung zwischen zwei Menschen, weil es das Gefühl von Vertrautheit vermittelt.

Summa summarum bin ich, das Lachen, ein super Ventil, angestaute Aggressionen los zu werden. Ich schaffe Distanz zu schwierigen Situationen durch Perspektivenwechsel, baue Stress und Spannungen ab, lockere festgefahrene Verhaltensmuster und biete jedem und jederzeit Glücksmomente an. Man muss nur einmal mit mir, dem Lachen, beginnen. Und dann dran bleiben. Ich meine das wirklich ganz ernsthaft.

A.5 Relaxen

Wer kennt mich nicht, **das Relaxen**? Ich bin Tag für Tag in aller Mund. Und das fast immer in einem positiven Kontext. Wer träumt nicht immer mal wieder von mir? Was ist denn so schwierig an oder mit mir? Und wenn, geht das überhaupt so von jetzt auf gleich? Bevor ich diesen Fragen nachgehe, möchte ich kurz einige Namensgenossen vorstellen, die alle sehr eng mit mir verwandt sind: Abhängen, Chillen, Entspannen, Faulenzen, Nichts-Tun, Pausieren, Sich erholen.

Bei ‚sich erholen' könnte man aufhorchen, wissen Eva und Adam doch, dass ‚Erholung' immens wichtig ist. Besonders deutlich wird das bei den Muskeln. Werden diese beansprucht, zum Beispiel beim Krafttraining, passiert nicht wirklich viel, bis auf dass sie ermüden. Den Lohn des Trainings erfährt man erst später in der Phase der Entspannung, des Relaxens, oder anders ausgedrückt **‚im Schlaf'**. Ein wunderbares Prinzip.

Aber wie gehen Eva und Adam damit um? Sie setzen häufig Erholung um in neue Aktivitäten. Im Grunde genommen machen sie wieder Etwas, nur etwas anderes als Arbeiten. Und beim ‚Machen' gelten dann schnell wieder die bekannten Grundsätze „schneller, weiter, höher", Leistung erbringen, ohne Ende.

Da der Mensch bekanntlich ein Gewohnheitstier ist, verändert er sich nicht automatisch mit dem Eintritt in das letzte Drittel seines Daseins. Da ich, das Relaxen, im aktiven Alter verpönt war, haftet mir nun auch nach dem Berufsleben immer noch, wie man in Schwaben sagt, ein ‚Gschmäckle' an. Warum? „Weil nix gschafft wird."

Ich gebe zu, es ist nicht ganz einfach so zu relaxen, dass ein wirklicher Erholungseffekt für Körper, Geist und Seele einsetzt. Warum? Weil es nicht den berühmten EIN-AUS- Schalter gibt, um das Hirnkastl endlich zur Ruhe zu bringen. Selbst wenn es geschafft ist, äußere Einflüsse, wie Fernsehen oder Radio, zu eliminieren, traktieren den Menschen häufig seine Gedanken, Probleme weiter und wollen einfach nicht aus seinem Kopf gehen. Was tun?

Im Prinzip ist es die gleiche Herausforderung wie bei allem im Leben, das nicht beherrscht wird: Man kann es lernen, üben, trainieren. **Übung macht den Meister, unabhängig vom Alter.**

Summa summarum bin ich, das gekonnte Relaxen, ein unverzichtbarer Baustein für dringend notwendige Ruhephasen und den entstreßten Genuss des Lebens.

A.6 Entrümpeln

Mein Gegenspieler, das **Sammeln und Horten**, macht mir, **dem Entrümpeln**, ganz schön zu schaffen. Der Mensch musste schon immer für schlechte Zeiten vorsorgen. Also legte er sich Vorräte an. Das machte absolut Sinn. Aber was ist heutzutage aus dieser Vorratshaltung geworden? Man möge nur einen kleinen Streifzug durch Garagen, Kellerräume, Abstellkammern machen. Es ist der absolute Wahnsinn, was es da zu finden gibt. Man könnte den Eindruck gewinnen, eine Art Eigendynamik hätte das Kommando übernommen hat, quasi krebsartig Besitz von jedem Zentimeter ergriffen. Ein Vielfraß. Eine manchmal tödliche Geschichte. Was könnte beim Horten gefährdet sein? Vielleicht die Versorgung mit Sauerstoff? Denn wenn die Luft zum Atmen knapp wird, ist der Exodus nicht mehr weit.

Ich, **das Entrümpeln**, kenne einige, die sich in ihrem ‚Saustall' wohl fühlen. Das ist okay für mich, und auch im Sinne der Bibel: „Des Menschen Wille sei sein Himmelreich." Aber ich kenne auch andere, die täglich darüber fluchen, dass sie kaum mehr was finden in dem Durcheinander, immer länger suchen, umräumen müssen, bis sie endgültig das Objekt ihrer Begierde ‚ausgegraben' haben. Hier hilft meines Erachtens nur ein radikaler Kurswechsel im Hirnkastl, beginnend mit der Frage: **Was brauche ich wirklich, um glücklich zu werden?** Beispiel: Muss das in die Tage gekommene Fernsehgerät mit Röhrentechnik wirklich weitere zig Jahre im Arbeitszimmer rumstehen? Ich weiß, es funktioniert ja eigentlich noch. Aber: Muss man sich deswegen das Leben schwer machen? Nein. Es ist nicht das Fernsehgerät, es ist eine Frage der Einstellung. Wer das verstanden hat, wird bald den Weg zum Wertstoffhof finden. Das ist eine gute Tat, denn erstens bekommt man wieder etwas Platz zurück, zweitens kann man nun etwas deponieren, was wirklich Freude bereitet, z.B. die neueste Handtasche, und drittens können Spezialisten den alten Fernseher ausschlachten, recyceln, und damit neue Werte schaffen. Aus alt wird neu.

„**Weniger ist mehr**" ist auf den ersten Blick eine paradoxe, unsinnige Aussage. Die Widersprüchlichkeit ist hier jedoch ein bewusst gesetzter Sinnfehler, der zum Nachdenken inspirieren soll:

- Ist **weniger** Wein **mehr** Genuss?
- Ist **weniger** Brot **mehr** Traumgewicht?
- Ist **weniger** Stress **mehr** Gesundheit?

Summa summarum kann mich, das Entrümpeln, jeder lernen. Es bedarf dazu nur, sich mit seinen Glaubenssätzen und Hirnprogrammen auseinander zu setzen, was unabhängig vom Alter ist.

A.7 Sich Erinnern

Alzheimer – dieses Thema soll hier bei meiner Vorstellung nicht im Vordergrund stehen. Im Zeit-Magazin war folgender Satz des Psychotherapeuten Schmidbauer zu lesen: **„Was wir erinnern, soll uns das Leben erleichtern und nicht beschweren."** Und an was erinnert sich der Mensch, wenn er an früher denkt? Früher

o hatte er keine Rückenprobleme,
o konnte er schneller rennen,
o musste er nicht so auf das Gewicht achten,
o fiel das Abnehmen viel leichter,
o kannte er noch keinen Tinnitus.

Eine solche Liste kann jeder für sich erstellen. Doch halt! Tut man sich gut, wenn man permanent Vergleiche anstellt, bei denen man wirklich alt aussieht?

Ich, die Erinnerung, könnte aber auch ganz anders, könnte so schön sein, jeden erstrahlen lassen, Glücksgefühle auslösen. Man muss es nur richtig anpacken und etwas dafür tun. Es soll zum Beispiel Zeitgenossen geben, die sämtliche Fotos aus ihrer Jugend vernichtet haben. Sämtliche! Warum? Weil sie sich nicht mehr vergleichen wollen mit damals. Die besuchen auch keine Klassentreffen mehr, wo es meist nur um eines geht: „Weißt du noch?" Natürlich weiß man. Das ist ja das Schlimme an diesen Geschichten.

Noch einmal: An was sich Eva und Adam erinnern, sollte ihnen das Leben erleichtern, nicht beschweren. Wie könnten sie das intelligent umsetzen, ohne radikal zu sein? Sie könnten z.B.

o ihre Fotoalben durchblättern, in der Vergangenheit schwelgen, sich einige Rosinen herauspicken, also Ereignisse, Momente, in denen sie total happy waren. Und die aufschreiben, festhalten.
o immer wenn sie eine Siesta halten oder ins Bett gehen, die eine oder andere positive Erinnerung abrufen und sich daran erfreuen. Am besten mit einem Lächeln auf den Lippen.

Machen sie das regelmäßig, täglich, ändert sich sukzessive ihr Leben. Die Suggestionen wirken, beeinflussen Moleküle im Gehirn und auch den Stoffwechsel. Sie verändern den Menschen Schritt für Schritt in die von ihm gewünschte Richtung.

Summa summarum ist es gar nicht so schwierig mich als Vitalisten zu nutzen. Alles was man dazu braucht ist bereits vorhanden. Ich, das sich Erinnerung, steht rund um die Uhr zur Verfügung.

A.8 Beobachten

Loslassen können ist wirklich nicht so einfach wie manche glauben, obwohl es viele Möglichkeiten dazu gibt. Eine davon bin ich, **das Beobachten**. Und zwar das bewusste Beobachten, zum Beispiel von Kindern. Ich weiß, deren lautes Geschrei kann einem voll auf den Docht gehen. Muss aber nicht, zumindest wenn es nicht länger als ein paar Minuten dauert. Ich verspreche, es ist einen Versuch mit mir wert. Also:

1. Suche einen Spielplatz, von dem aus man ungestört spielende Kinder sehen kann.

2. Dann beobachte die Knirpse im Kindergartenalter, wie sie herumtollen, spielen, hüpfen. Frage, was die anders machen?

3. Erkenne den Unterschied zwischen deren unbeschwertem Glück und dem manchmal so trüben, verantwortungsvollen Dasein.

Kinder machen Vieles anders. Sie sind neugierig, schauen mal hier, mal da hin, lassen sich leicht ablenken. Sie verharren nicht im Erlernten, im Geprägten, in der Vergangenheit. Die wollen, die müssen Neues dazu lernen, um lebensfähig zu werden.

Und was machen Eva und Adam? Sie verharren, erstarren immer mehr in der Vergangenheit. Genau das nennt man **Altern**. Wer will das schon? Niemand. Zumindest wenn man das Leben liebt.

Jugend, Midlife, Ruhestand sind keine fixierten Zustände, sondern werden erschaffen, im eigenen Kopf kreiert. Der Mensch hat immer die Wahl entweder rigide, starr, unbeweglich im Kaffeehaus oder Park sitzen, sich in der Vergangenheit, in den gleichen Gedanken, den gleichen Sätzen suhlen. Oder den Geist bewegen, nach vorne blicken, beobachten, neue Eindrücke tanken.

Die Vorstufe von Bewegen heißt Handeln. Und Handlungen werden einzig und allein von Eva und Adam gesteuert, die für ihr Leben verantwortlich sind. Nicht die Gesellschaft, die Parteien, die Familie, die Gene oder was auch immer. Sie allein und sonst niemand.

Summa summarum: Ich, **das bewusste Beobachten**, bin eine besondere Art der Bewegung, kostenfrei, klimaneutral, nachhaltig wirkend. Die einzige mir bekannte Nebenwirkung ist Bewegungsdrang. Und den nehme ich gerne in Kauf.

A.9 Entkalken

Wenn Gefäße wie zum Beispiel Adern verkalken, wird es **eng**. Warum? Fortschreitende Gefäßverkalkung (**Arteriosklerose**) führt zu Durchblutungsstörungen, Raucherbein, Impotenz, Schlaganfall oder Herzinfarkt. Die Gefäßverkalkung ist Ursache etwa der Hälfte aller Todesfälle in der westlichen Welt. So viel zu den **Fakten**.

Von mir, **der Entkalkung**, hört man im Allgemeinen wenig. Ganz im Gegensatz zu meinem Antipoden, **der Verkalkung**, der in aller Munde ist. Sie kommt in allen möglichen Formen vor, im Wasserrohr, in der Arterie, im Hirnkastl. Bei der **Arteriosklerose** entstehen Plaques, Ablagerungen aus Fett und Kalk. Die Gefäßwand verändert sich, wird starrer, dicker und die innere Öffnung enger. Das Blut kann nicht mehr ungehindert fließen, es staut. Schlimmstenfalls bildet sich ein Pfropf aus Blutplättchen, ein kompletter Gefäßverschluss droht: **Infarkt**.

Die wichtigsten **Risikofaktoren für Arteriosklerose** sind weithin bekannt: **Bluthochdruck, Zuckerkrankheit, Rauchen, schlechte Blutfettwerte**, vor allem hohe LDL-Cholesterin-Werte. Und **mit zunehmendem Alter steigt das Risiko** an. Eine tückische Geschichte, da sie lange keine Beschwerden bereitet und unbemerkt bleibt. Insbesondere bei denen, die eine Allergie gegen Vorsorgeuntersuchungen haben.

2008 strahlte die ARD einen Bericht über **Arginin** aus. Eine außergewöhnliche Substanz. Was ist daran so besonders? Nun ja, Arginin bildet ein Gas namens Stickoxyd, **NO**. Im Time-Magazin gab es dazu eine Titelstory: ‚Molekül des Jahres'. Und bereits 1998 gab es dafür den **Medizinnobelpreis.** Warum? NO ist das seit langem gesuchte Wundermittel, das Blutgefäße öffnet, Leben rettet beim Herzinfarkt. Und nicht nur das. Es lässt Eva und Adam auch erfolgreich werden durch eine vermehrte **Hirndurchblutung**. Ein kleiner Tipp am Rande: Wer einmal eine **Viagra-Tablette** zerkaut hat, weiß um die Urkraft von NO. Höllische Kopfschmerzen sage ich nur.

Wer kennt seinen Argininspiegel? Kann im Blut gemessen werden. Stickoxyd (NO) hält Gefäße geschmeidig und elastisch. NO kann der Körper im Prinzip selbst herstellen, aus **Sauerstoff** und der **Aminosäure Arginin**. Die steckt in **Mandeln, Haselnüssen, Fisch und Soja**.

Summa summarum: Wer sich frühzeitig mit mir, **der Entkalkung**, beschäftigt, hat in späteren Jahren viel mehr Freude am Leben. Und wenn's mit der Ernährung nicht so klappt, dann eben über **argininhaltige Eiweißshakes**. Bingo.

A.10 Entrosten

Ist Altern ab 30 vorbestimmt oder nur die Summe schlechter Angewohnheiten? Aus meiner Sicht, **dem Entrosten**, eindeutig ja. Und ich habe gute Gründe für meine Behauptung. Ein Blick in die Tierwelt genügt. Dort kennt man im Prinzip keinen Leistungsabfall in der zweiten Lebenshälfte. Anders Eva und Adam. Die glauben an das ‚**Gesetz des Leistungsabfalls**', da der Grundumsatz ab dem 30. Lebensjahr absinkt, Stoffwechselvorgänge langsamer ablaufen, die Muskelmasse abnimmt. Muss das so sein? Ich meine nein, denn jeder kann durch Muskelaufbau und mehr Bewegung seinen Energieumsatz erhöhen. Mehr Muskelmasse aktiviert den Stoffwechsel. Und wenn man sich dann noch vernünftig ernährt, muss der Körper keine Fettpolster, keinen Rost anlegen.

Das allseits zu beobachtende Einrosten lässt sich eindämmen, wenn man bereit wäre, etwas dafür zu tun. Aber dann müssten Angewohnheiten geändert werden. Und die sind manchmal verdammt hartnäckig. Manch eine/r stellt auch bei sich Muskelschwund fest. Übrigens, Muskelschwäche ist die häufigste Ursache für Stürze im Alter. **Professor Dirk Pette**, Muskelspezialist an der Uni Konstanz, sieht das so: „Ein 80-jähriger Muskel weiß nicht, dass er 80 ist. Er ist präzise so trainierbar wie ein 20-jähriger Muskel."

Hoppla, **Training** ist das Stichwort. Wenn der Muskel Arbeit bekommt, rüstet er auf, erhöht den Energielevel, stellt Stoffwechselabläufe auf Anstrengung. Das hält jung. Nicht nur den Muskel.

Gleiches gilt für **Omega 3**, den Jungmacher aus dem Meer. Finden wir in Fischen, Krebstieren, Schnecken und Muscheln. Leider nicht in Brot, Kartoffeln, Reis und Nudeln. Und was futtert der Normalmensch, Tag für Tag. Tragisch. Klinische Studien haben eindeutig einen Zusammenhang zwischen **viel Omega 3** im Blut und der Länge der **Telomere** aufgezeigt, eine Art Altersstandanzeiger der Zelle. Längere Telomere bedeuten längeres Leben. Stress ist übrigens ein nachgewiesener Verkürzer der Telomere (**Cortison**). Daraus folgt, dass die Länge der Telomere nicht nur vom Alter abhängig ist, sondern von den Lebensbedingungen, unserem Lebensstil.

Summa summarum: Für mich, **das Entrosten**, ist es nie zu spät. Man kann sich das vorzeitige Altern mit 40, 60 oder 80 Jahren abgewöhnen. Also raus an die frische Luft, in den Kurpark, aufs Fahrrad oder ins Fitnessstudio. Geht das Training los, zeigt der Daumen nach oben, der Rost blättert ab. Wer das nicht glaubt, sollte es einfach mal versuchen.

A.11 Entgiften / Fasten

Bereits im 13. Jahrhundert wurde ich, das Fasten, von dem englischen Mönch und Naturforscher Roger Bacon in seiner Schrift „**Zur Verhütung der Alterserscheinungen**" beschrieben. Er formulierte drei Aspekte meiner Wirkungen: **Reinigung** („purgatio"), **Umstimmung** („alteratio") und **Regeneration** („regeneratio").

Geht man dem Geheimnis meiner Wirkungen auf den Grund, so kommt man auf vier Aspekte, die bei allen Arten des Fastens wesentlich sind und in dieser Reihenfolge zum Tragen kommen:

1. **Autolyse**: Selbst-Auflösen und Verbrennen von krankem Gewebe, abgelagerten Giftstoffen und Stoffwechselschlacken.

2. **Ausscheidung**: Fördern der Ausscheidungsfunktionen durch Entlastung und Anregung aller Ausscheidungsorgane.

3. **Reinigung** und Umstimmung im Zell-Stoffwechsel-Bereich.

4. **Regeneration** der Zellen.

Ich, **das Fasten**, kann bei verschiedenen Beschwerden helfen, da ich bei den tieferen Ursachen und nicht an oberflächlichen Symptomen ansetze. Sehe zumindest ich so. Vor allem Novizen sind erstaunt über die Wirkungen meiner einfachen Methode der Generalüberholung.

Wie bei allem gibt es natürlich auch bei mir **Kritiker**, die mich nicht mögen, mich sogar als gefährlich bezeichnen. Ich gebe zu, **ich bin nicht so harmlos** wie ich vielleicht aussehen mag. Nein, nein. Deshalb rate ich auch jedem, sich vor meiner Anwendung ausführlich zu informieren. Am besten finde ich, werden erste Erfahrungen mit mir im Rahmen einer **ärztlich begleiteten Fastenkur** gemacht. Dann ist jeder auf der sicheren Seite, die/der Fastende und ich.

Eine **besondere Variante** von mir ist das Vitalfasten, auch Früchtefasten genannt. **Erfahrungen des Samariter Werkes** mit über **2000 Teilnehmer/innen** brachten folgende Ergebnisse:

o Die durchschnittliche Gewichtsabnahme beim zwölftägigen Früchte-Fasten auf Madeira betrug 4 kg; das Maximum lag bei 10 kg. Früchte-Fasten kann bei der Ausscheidung und Reinigung genau so wirksam sein wie strengere Varianten, zum Beispiel nach Buchinger.

o Die üblichen anfänglichen Fastenkrisen, die sich bei rund einem Drittel der Teilnehmer/innen zeigten, waren leichter, kurzlebiger als beim reinen Fasten und beschränkten sich auf Kopfweh, Gelenkschmerzen, Kreislaufschwankungen sowie Müdigkeit.

o Zusammen mit der erwünschten Gewichtsabnahme und Reinigung führte das Früchte-Fasten zu erhöhtem Wohlbefinden, gesteigerter Vitalität, Leistungsfähigkeit und Besserung bei einer Vielzahl von Beschwerden.

o Durch die eigenen positiven Erfahrungen wurde in Verbindung mit Ernährungsvorträgen in vielen Fällen der Wunsch nach einer Umstellung der Ernährungs- und Lebensgewohnheiten geweckt.

Ich, das Fasten wirke auch im psychosomatischen Bereich, vertreibe trübe Gedanken, Stimmungen und wirke entspannend, beruhigend und lösend, zum Beispiel bei Ängsten, Stress, Aggressionen.

Summa summarum: Wer in seinem bisherigen Leben noch keine Fastenerfahrungen gesammelt hat, dem empfehle ich zum Einstieg meine softe Variante, **das Vital- und/oder Früchtefasten**.

o **Früchte genießen:** Immer wieder in kleinen Portionen nicht zu zuckerhaltiges Obst zu sich nehmen, bis ein leichtes Sättigungsgefühl sich einstellt.

- **Ausscheidung:** Über Darm, Harnwege, Haut, Lunge, und Zunge, ergänzt um Bäder, Anwendungen, Massagen oder Wickel.

- **Bewegung:** Regelmäßige körperliche Aktivität wie Spaziergänge, Wandern, Sonnenbäder, Gymnastik oder leichter Sport.

- **Hygiene:** Auch aus Rücksicht auf Mitmenschen besonderen Wert auf gründliche Körperpflege und Mundhygiene legen. Kosmetika, welche die Poren verstopfen, meiden.

- **Frohsinn:** Sich entspannen durch alles, was Freude macht, wie Lesen, Malen, Handarbeiten, Musizieren, Schreiben.

- **Selbstbeobachtung:** Dokumentieren des körperlichen, seelischen, geistigen Befindens, zum Beispiel mit einem ‚Fastenprotokoll'.

Wer den **Mut** hat sich auf **neue Wege** zu begeben, wird mich, das Fasten, zumindest kennen lernen wollen. Ich verspreche auf jeden Fall eine sehr interessante Erfahrung für Körper, Geist und Seele.

A.12 Lösen

Auch ich bekenne gleich zu Beginn: Es ist nicht einfach mit mir, **dem Lösen**. Warum? Erstens, weil ich in vielen Varianten auftauche und zweitens, nicht so mir nichts dir nichts umzusetzen bin. Nun aber der Reihe nach.

In der **Mathematik** stehe ich für eine Zahl oder eine Funktion, die eine gestellte Aufgabe erfüllt. In der **Chemie** für ein flüssiges Gemisch aus zwei oder mehr chemisch reinen Stoffen und in der **Psychologie** für die Überführung eines unbefriedigenden Zustands in einen besseren. Und da gibt es im fortgeschrittenen Alter einiges zu tun.

Ausgehend von dem Faktum, dass der **Mensch ein Gewohnheitstier** ist, hat dieser sich im Laufe seines Lebens an Vieles gewöhnt. Teilweise so sehr, dass er meint, alles müsse so sein, wie es im Moment ist. Übrigens mit **steigender Tendenz im zunehmenden Alter**. Doch weit gefehlt. Nehmen wir zum Beispiel die **zwischenmenschlichen Beziehungen**. Auch die haben sich im Laufe der Zeit entwickelt, teils zum Positiven, dann sollten wir sie weiter pflegen, teils zum Negativen, dann könnten wir doch mal darüber nachdenken, ob wir uns das auch in Zukunft weiter antun wollen. Warum also nicht ab und an **Bilanz ziehen,** sich fragen, welche Mitmenschen

- einem echt gut tun (**Energiegeber**)
- einem zwar nicht gut tun, aber ...
- einem nur Kraft kosten (**Energiefresser**).

Über die letzteren könnte man meditieren. Denn auf Dauer kosten einen diese Menschen viel Kraft, Energie, die dann an anderer Stelle fehlt.

Lösen ist hier die Zauberformel, loslassen zum Beispiel in Form des Vergebens, des Verzeihens. Lösen kann aber auch bedeuten, sich zu **trennen**, eine Beziehung, die einem wirklich nicht gut tut, **ganz bewusst zu beenden**. Das kann neue Kräfte und Energien frei setzen, die dann für die aktive Gestaltung der Restlaufzeit verfügbar sind. Aber bitte: Wenn ich, **die (Los-)Lösung**, das Ergebnis bin, dann mit Anstand und sozial verträglich. Damit meine ich, dass man einen Mitmenschen, von dem man sich innerlich verabschiedet hat, durchaus bei der flüchtigen Begegnung in der Stadt oder auf dem Weinfest noch grüßen kann. Das sollte doch machbar sein, oder?

Summa summarum: Ich, **das Lösen**, kann längerfristig ein echter Energiegeber sein. Zugegeben, am Anfang koste ich einige Kraft. Aber nach getaner Arbeit, kräftigem Durchatmen und Blick nach vorne, sieht die Welt bald besser aus.

A.13 Vergeben

Ich, **das Vergeben**, bin ein Schlüsselbegriff von Weltanschauungen, Religionen und Philosophien. Wie heißt es im Vaterunser? „Und vergib uns unsere Schuld, wie auch wir vergeben unsern Schuldigern." 1. Brief des Johannes 2,2 LUT.

Seit der Antike gelte ich als Tugend von Herrschern. Heute werde ich als ein Merkmal fortgeschrittener Zivilisationen angesehen. Bei uns bin ich das Privileg des Bundespräsidenten, der Gnade vor Recht ergehen lassen kann. Wie wäre es, wenn Eva und Adam ab und zu Bundespräsident spielen würden? Menschen vergeben würden, die ihnen in der Vergangenheit großes Leid zugefügt haben? Ich denke da auch an jahrzehntelange **Fehden in Familien**, die teilweise bis in den Tod fortbestehen. Was eine extreme Belastung für alle Beteiligten.

Was macht es eigentlich so schwer, mich als einen **Weg zur Konfliktlösung** anzuwenden? Andere Völker können das doch auch. Die **Hawaiianer** zum Beispiel. Bei ihrem **Ho'oponopono** sprechen sich die Beteiligten aus, bereuen gegenseitig was passiert ist und vergeben sich. Ein schöner Brauch, befreiend und entlastend für alle. Dabei gibt es nur einen Verlierer, und das sind die **Stresshormone**, allen voran das **Cortisol**.

Folgt man dem Psychotherapeuten **Reinhard Tausch**, dann handelt es sich bei der Vergebung um intensive innere Selbstgespräche, die eine mentale Bewältigung des ursprünglich verletzenden Ereignisses ermöglichen. Das ist wichtig, da ein Nicht-Vergeben negative psychosomatische Auswirkungen auf den Vergebungsunwilligen, also das ursprüngliche Opfer hat. Wer kennt nicht Zeitgenossen, die schmerzhafte Erinnerungen fast lustbetont ausschmücken und sich damit nur noch mehr schädigen. Tag für Tag, Jahr für Jahr.

Vergeben bedeutet **innere Stärke** zeigen, da zunächst eigene, mentale Hürden wie Rachegelüste gemeistert werden müssen. Vergebung fällt umso schwerer, je mehr die psychische Freiheit durch eigene Fesseln eingeschränkt ist. In diesen Fällen können Freunde, Vertraute, Seelsorger helfen.

Summa summarum: Ich, **die Vergebung**, bin ein wirklicher Freund für den jungbleiben wollenden Oldtimer. Also gelegentlich mal über den eigenen Schatten springen: Schwamm drüber.

Wer mehr darüber erfahren möchte:
Reinhard Tausch: Verzeihen, die doppelte Wohltat. In: Psychologie heute, April 1993, S. 20–26.

A.14 Träumen

Nicht wenige werden sich bei mir, dem Träumen, zunächst fragen: Hä, in dem Alter sollte man eigentlich aus dem Träumen heraus sein? Warum eigentlich? Ich finde, ich bin, um es einmal in Berlinsprech auszudrücken, echt geil und sexy.

Zugegeben, die Forschung hat es mit mir nicht leicht und ist sich in Vielem nicht einig. Immerhin können **Neuroforscher** neuerdings dem träumenden Gehirn mit bildgebenden Verfahren wie CT, MRT und PET bei der Arbeit zuschauen. **Ergebnis**: Die Aktivität des träumenden Gehirns ähnelt dem Wachzustand, doch mit unterschiedlicher Gewichtung. Das Areal, das für die eigene Persönlichkeit, für Logik, Sinn und die langfristigen Folgen des Handelns zuständig ist, ist im Traumzustand gehemmt. Das Denken ist befreit von Zwängen, Geboten und Verboten, fast wie bei kleinen Kindern. Wäre es nicht schön, ab und zu wieder Kind zu sein?

Nicht nur das. „I have a Dream" ist der Titel einer berühmten Rede von Martin Luther King. Starke Worte. Wie arm wären wir doch ohne Träume. Der eine träumt von einer Alpenüberquerung auf den Spuren Hannibals, der andere will an Bord von Hurtigruten die faszinierende Welt der Fjorde entlang der norwegischen Küste zwischen Bergen und Kirkenes genießen, der dritte seine erste stachellose pinkfarbene Rose züchten, die vierte es endlich mit ihrem Hund zur Agility-Meisterschaft schaffen und so weiter. Wenn man mich, das **Träumen**, wirklich ernst nimmt, bin ich so etwas wie **Super-Treibstoff** für den Energiegenerator namens **Motivation**. Und ohne Motivation, kommt von movere (lat. bewegen, antreiben), geht gar nichts.

Das sollte aber nicht verwechselt werden mit ziellosem Aktionismus. Wer glaubt von einem VHS-Kurs zum nächsten rennen zu müssen, weil sonst zuhause die Decke auf den Kopf zu fallen droht, der irrt. Diese Art von Aktivität hat noch nie zu wirklicher Erfüllung und Zufriedenheit geführt. Wie erfüllend ist es dagegen, im Sonnenstuhl zu liegen, sich bildhaft auszumalen, was man in Zukunft tun möchte. „Ein Bild sagt mehr als tausend Worte", wusste schon der alte Chinese und visualisierte fleißig. Alles was Mensch sich vorstellen kann, kann er auch angehen zu realisieren. Ob es jemals zu schaffen ist, weiß nur die Zukunft. Aber, man könnte es zumindest versuchen.

Summa summarum: Ich, **das Träumen**, kann ein echter Energielieferant sein. Das Leben in der Realität von Heute ist das eine, das Leben in der Zukunft unserer Träume, also dem Morgen, ist das andere. **Trauen** wir uns zu träumen.

A.15 Lernen

Bitte mich, **das Lernen**, jetzt nicht fragen, wozu? Und dann noch in diesem Alter? Die Fähigkeit zum Lernen ist **Grundvoraussetzung**, sich besser dem Auf und Ab des Lebens und der Umwelt anpassen, darin agieren, und sie auch im eigenen Interesse verändern zu können. Das ist **altersunabhängig.** Zum besseren Verständnis hole ich etwas weiter aus. Spätestens aus der Apothekenumschau, auch bekannt unter ‚Rentnerbravo', ist bekannt, dass der Mensch so jung oder so alt ist wie seine Blutgefäße. Das Prinzip ist einfach: Blutgefäße werden starr wenn sie älter werden. Junge Blutgefäße sind weich, elastisch, dehnbar. Wie kommt es dazu? Die Innenseiten der Blutgefäße werden von freien Radikalen attackiert, entzünden sich, verheilen wieder, vernarben, entzünden sich erneut, vernarben und so weiter. Im Lauf der Jahre lagert sich an den verletzten Blutgefäßen **Cholesterin** ab, immer mehr, bis dieses zuletzt verkalkt. Und verkalkte Blutgefäße bedeuten **altersstarr**.

Das betrifft dummerweise auch das Gehirn. Der Mediziner nennt das **vaskuläre Demenz**. Nicht besonders schön, insbesondere wenn das bereits ab Mitte des Lebens auftritt. Stichwort: Wo liegt nur mein Einkaufszettel? Wer das nicht glauben will: Cholesterinablagerungen gibt es schon bei Säuglingen, die im Mutterleib mitrauchen durften. **Altersstarrsinn** ist der stärkste Gegenspieler des Lernens. Er macht das Anpassen an neue Gegebenheiten fast unmöglich. Das Ergebnis ist bekannt: Man lebt weiter in einer mittlerweile viel zu großen Wohnung oder Haus, bekommt Alltägliches immer weniger selbst geregelt, wird mehr und mehr zur Last der Kinder, bis man sich umsieht und nichts Vertrautes mehr erkennt. **Endstation Pflegeheim**.

Wie verhindert man das? Eine Möglichkeit ist **Sport treiben**, denn jede sportliche Anstrengung beschleunigt den Blutfluss. Es entstehen Scher-Kräfte an den Gefäßen. Hinzu kommt die Pulswelle. Bei Anstrengung beschleunigt sich das Herz, der Puls steigt. Reize helfen, den Botenstoff NO zu produzieren, der sich in die Gefäßschichten verteilt, entspannt. Das Gefäß erweitert sich automatisch. Es fließt wieder, es fließt besser.

Summa summarum: Ich, **das Lernen**, bin die **Alternative zur Altersstarrheit**. Einer meiner Unterstützer ist die Entkalkung. Gemeinsam schaffen wir die Voraussetzungen für ein selbstbestimmtes, aktives Leben bis ins hohe Alter.

Mehr bei **Prof. Dr. Martin Halle**: ‚Jung bleiben mit gesunden Gefäßen'. Wirklich lesenswert.

A.16 Entwickeln

Ich bitte um Verständnis für meine Einführung: Gestatten ‚**Ent-Wicklung**'. Richtig, das ist kein Schreibfehler oder eine Unart des Schreibprogramms. Früher waren viele der Meinung, dass man mir, dem Entwickeln, immer etwas hinzufügen müsste, was bisher nur rudimentär vorhanden war. Weit gefehlt. Andere Völker sind da schlauer. Zum Beispiel die **Huna auf Hawai**, deren Lebensphilosophie Serge King so formulierte:

- **The world is what you think it is**: Die Welt ist das, wozu deine Gedanken sie machen.
- **There are no limits**: Es gibt keine Grenzen. Achte auf deine begrenzenden Gedanken.
- **All Power comes from within**: Alle Kraft kommt von innen. Vertraue dir selbst.
- **Energy flows where attention goes**: Energie folgt der Aufmerksamkeit. Konzentriere dich auf das, was du anstrebst.
- **Now is the moment of power**: Jetzt ist der Augenblick der Kraft. Lebe in der Gegenwart.
- **To love is to be happy with ...**: Lieben heißt, glücklich sein mit ... Liebe als Kraftquelle.

Jeder dieser Leitsätze hat es in sich. Seit dem ich verstanden habe, dass die Welt das ist, wozu meine Gedanken sie machen, versuche ich mir meiner Gedanken sehr viel bewusster zu sein. Sprüche wie „in diesem Alter" oder „das macht doch nicht ein Rentner" werden nun streng zensiert. Das was ich machen will, z.B. Flamenco-Gitarre lernen, Panamahüte sammeln, meinen geliebten VW-Käfer mit geteilter Heckscheibe hegen, ist ganz allein meine Sache. Das einzige Kriterium ist, ob es mich zufrieden und glücklich macht.

Vielleicht fange ich auch an, Gedichte, Kurzgeschichten oder gar ein ganzes Buch zu schreiben. **Auspacken**, nenne ich das, im wahrsten Sinne des Wortes. Zulassen was in mir schlummert. Ich denke, es ist noch Manches nicht gesagt worden. Und es ist nie zu spät für ein Buchprojekt.

Summa summarum: Auspacken hat viel mit **Ent-Wickeln** zu tun. So wie wir zu Beginn unseres Werdegangs in Windeln gepackt wurden, so ist es spätestens jetzt Zeit, uns von Verwicklungen, Geht-Nicht-Gedanken und sonstigen Bremsen zu befreien. Endlich das tun, was wirklich Spaß macht. Genau das was wir eigentlich schon immer mal tun wollten. Oder haben wir noch immer keine Zeit dafür? Ich, **die Ent-Wicklung**, bin eine ganz besondere Gabe für ein glückliches, aktives Leben bis ins hohe Alter.

A.17 Wachsen

Über mich, **das Wachsen**, wurde schon viel nachgedacht. So auch **Friedrich Nietzsche**, der meint, dass die menschliche Geschichte bzw. das menschliche Wachstum in drei Phasen ablief. Also sprach Zarathustra:

1. Die ersten 4 Jahrtausende der Geschichtsschreibung: ‚**Das Kamel**' sitzt da, lamentiert und erträgt sein Schicksal.
2. Mitte des 17. Jahrhunderts: ‚**Der Löwe**' sagt NEIN zu Armut, Tyrannei, Seuchen, Unwissenheit.
3. Und das ‚**wiedergeborene Kind**' fragt: „Wozu kann ich JA sagen?"

Das ist für mich das Stichwort: **JA**-Sagen zur Restlaufzeit, zum unaufhaltbaren Ticken der Uhr. Ja-Sagen zu den Möglichkeiten, die allerdings von unserem physischen und psychischen Zustand abhängig sind. Ein kranker, leidender Mensch hat weniger Chancen. Leider. Und doch, bei dem einen oder anderen Wehwehchen lässt sich die Uhr durchaus zurückdrehen. Das verstehe ich auch unter Wachsen.

Der Jungbrunnen von Eva und Adam heißt **Wachstumshormon** (**H**uman **G**rowth **H**ormone, HGH) und besteht aus reinem Eiweiß. HGH reguliert das Körperwachstum. In der Jugend haben sie viel davon im Blut. Später wird es weniger. Haben sie zu wenig, kommen die Falten, statt Muskeln nimmt das Fett zu. Stichwort Michelin-Männchen. Die **Ursachen für vorzeitiges Altern** sind bekannt und wissenschaftlich erforscht. Es ist kein Geheimnis, dass die **Ausschüttung des Hormons HGH gedrosselt** wird durch

- **erhöhten Blutzucker**, Hyperglykämie. Hat jede/r nach jeder Mahlzeit. Besonders der Diabetiker. Aber eben auch jede/r, wenn Zucker, Kohlenhydrate gefuttert werden.
- **zu viel Blutfett**, Hyperlipidämie. Besonders nach fettem Essen und Alkohol. Kann man messen: Triglyceride.
- **Cortisol**, das Hauptstresshormon.
- **Adipositas, Übergewicht**. Auskunft gibt der BMI, genauer der Prozentwert für Körperfett.

Dr. Rudman hat 1990 älteren Herrschaften zwischen 60 und 80 Jahren 18 Monate lang dieses Wachstumshormon gespritzt. Resultat: Sie wurden tatsächlich wieder jünger, Falten verschwanden, Knochen wurden fester, Muskeln wuchsen, Fett schmolz, Fett in den Adern floss dahin, Sehnen und Bänder wurden elastischer. Wer es ganz genau wissen möchte, bitte nachlesen in **"Physiologie des Menschen" von Schmidt, 31. Auflage 2010, Seite 442 ff.**

HGH fördert

- die für das Wachstum erforderliche Synthese von Proteinen, z.B. **Kollagen**. Keine/r muss nach Palm Springs zu Dr. Chein jetten wegen eines entfalteten Aussehens.
- das Wachstum von **Knochen**. Soll das stärkste bekannte Mittel gegen Osteoporose sein.
- das Wachstum von **Muskeln**. Man muss also nicht täglich ins Fitness-Studio rennen.
- das Wachstum von **Knorpelzellen**. Ist wichtig für die, die es gelegentlich zwickt. Stichwort Arthrose, Arthritis.
- das Wachstum neuer **Blutstammzellen**. Heißt praktisch mehr rotes Blut, mehr Sauerstoff im Körper. Man ist körperlich leistungsfähiger, kann klarer, wacher denken.
- den **Fettabbau**. Verbrennt Fett ohne Sport.
- steigert die **Immunabwehr** über die Stimulation der T-Lymphozyten und Makrophagen.

So viel dazu. Wer wissen möchte, wie es um sein Wachstumshormon bestellt ist, kann es bei seinem Doc feststellen lassen. Gemessen wird das mit dem **Wert IGF I** (Insulin-Like-Groth-Faktor-1). Wer seinen Wert erhöhen möchte, kann wie folgt dazu beitragen:

- **HGH** besteht aus **reinem Eiweiß**. Aus 191 Aminosäuren. Eiweiß kann man essen.
- **HGH** wird stimuliert durch einen tiefen **Insulinspiegel**. Also abends nach 18 Uhr keine Kohlenhydrate mehr futtern, nur noch Eiweiß. Der natürliche HGH-Ausstoß in der Nacht steigt. Stichwort „**schlank im Schlaf**".
- **HGH** steigt an durch moderaten **Ausdauersport**. Also runter vom Sofa, ab in den Park.
- **HGH** steigt durch erschöpfendes **Krafttraining**. Viele Fitness-Studios haben nichts mehr gemein mit den alten Mucki-Buden.
- Ein Glas Wein unterdrückt den HGH-Ausstoß um 70%. Gefällt vielen ganz und gar nicht. Aber Fakten sind Fakten. Man muss sich also nur entscheiden, was man wirklich will.

Summa summarum: Ich, **das Wachsen**, bin ein echter **Energielieferant**. Das Leben in der Zukunft könnte durchaus vitaler sein als das Leben in der Realität von Heute. Es bleibt jedem überlassen, wie er mit mir, dem Wachsen, umgehen möchte. Für mich jedenfalls steht fest, dass es nicht bereits ab Dreißig kontinuierlich bergab gehen muss. Dazu sage ich uneingeschränkt **JA. Ich bin doch kein Kamel.**

Kapitel B: Energie tanken

In den folgenden Kapiteln geht es um unsere primären Energiequellen:

- **Das Atmen**
- **Das Trinken**
- **Das Essen**
- **Das Glauben.**

Wenn diese Quellen sprudeln, uns also Tag für Tag mit der erforderlichen Energie versorgen, können wir jünger sein als wir tatsächlich glauben. Jawohl!

Alterungsprozesse sind zum Teil erblich also genetisch bedingt. Sie werden aber auch durch unsere Lebensbedingungen und Lebensweise beeinflusst, zum Beispiel die Sonneneinstrahlung, das Rauchen, die Ernährung, der Alkoholkonsum, die In/aktivität, den Stress ohne Ende. In unserem **kalendarischen Alter** wird all dies nicht mit berücksichtigt. Im Reisepass steht nur ein Teil der Wahrheit.

Ich denke, dass das sogenannte **biologische Alter** wichtiger ist. Um es vorweg zu nehmen: Es liegt nur an uns, wie schnell oder langsam unsere **biologische Uhr** tickt. Wenn wir es richtig anpacken, können wir diese Uhr zurück drehen, meint

Professor Halle. Das hieße konkret: Jünger werden. **Plus/minus zehn Jahre** wären drin. Und das ohne Botox und Schönheitsoperationen. Dafür gesunde Ernährung, ausreichende Bewegung und Stress meiden.

Das **biologische Alter** kann in wenigen Minuten ermittelt werden. Die Gebrauchsanleitung steht bei Prof. Dr. med. Halle, Endlich fit – Schritt für Schritt, München 2014, S. 12ff.

Was macht unser Auto, wenn der Tank leer ist bzw. wir den falschen Kraftstoff verwenden? Es stottert, bleibt stehen, verweigert den Dienst. Was macht unser Organismus, wenn er unzureichend betankt wird? Er quält sich über die Runden, meldet sich irgendwann mit Leistungseinbußen, sendet Hilfesignale in Form von Schmerzen. Und manchmal verhält er sich wie unser Auto. Er bleibt einfach stehen. Tragisch.

Summa summarum: In Anlehnung an ein Bonmot gilt in allen Lebenslagen: **Ohne Energie nichts los**. Also packen wir es an und lassen sie sprudeln, unsere Quellen.

B.1 Stoffwechsel

Jetzt wird es etwas biochemisch. Aber keine Sorge, im Prinzip ist das mit mir, **dem Stoffwechsel** (griechisch metabolismós), ziemlich einfach. Ich kümmere mich um die Umwandlung von Trinken und Essen in Energie und Baumaterial. In 70 Billionen Körperzellen verstoffwechsle ich Eiweiß, Fett, Kohlehydrate und Sauerstoff, wobei die eigentliche Arbeit die Enzyme machen. Früher dachte man, dass wer viel Energie (Kalorien) seinem Körper zuführt, weniger Kalorien verbrennt, Fett ansetzt. Irrtum. Warum? Ist abhängig vom Stoffwechseltypus, der Futterart, der Schilddrüsenfunktion und der Anzahl Fettenzyme.

Wie viel Energie brauchen wir tagtäglich? Unsere **Energiebilanz** umfasst drei Komponenten:

o **Den Grundumsatz**, abhängig von Körpergröße, Körpergewicht und Alter.
o **Den Arbeitsumsatz**, abhängig von der Art unserer Arbeit, **Kopf- oder Muskelarbeit**.
o **Den Freizeitumsatz**, abhängig von unserer Freizeitgestaltung, d.h. von **Umfang** und **Intensität** unserer **Bewegung**.

Machen wir es konkret: Wer am Schreibtisch sitzt verbrennt pro Stunde so etwa 60 Kalorien. Wer dabei einen Schokoriegel knabbert, führt seinem

Körper ca. 360 Kalorien zu. Wer nach der Arbeit eine halbe Stunde lang durch den Park rennt, verbraucht dabei auch etwa 360 Kalorien. Was wird verbrannt? Der Untrainierte verbrennt mehr Zucker, der Dauer mehr Fett. Warum? Der Muskel des Kopfarbeiters hat häufig die Fähigkeit verloren, Fett zu verbrennen, da er dank Müsli, Pasta und Croissant genügend Zucker und Kohlehydrate bekommt, die er leicht mit Hilfe von Kohlehydratenzymen verbrennen kann. Also wozu Fett verbrennen? Unser **Körper ist schlau** und legt Depots an Bauch, Po, Hüfte für Notzeiten an. Wer weiß schon, was kommt?

Summa summarum bin ich, **der Stoffwechsel**, verantwortlich für die Energiebilanz. Laufe ich rund, der Motor also brummt, ist Vitalität spürbar. Dazu benötige ich typgerechte Betankung (**Ernährung**), regelmäßige Wartungsintervalle (**Entspannung**) und **Bewegung**. Stoffwechselstörungen beeinträchtigen die Funktionalität der Organe und damit irgendwann unsere Energie. Der junge Mensch merkt das länger nicht. Der ältere dagegen schon, Stichwort **Verschleißerscheinungen**. Der eine früher, der andere später. Die Uhr tickt. Leider auch die biologische

Quelle: Dr. med. U. Strunz, Das Muskelbuch, GU Verlag, 5. Auflage, 2005.

B.2 Atmen

Neben Trinken und Futtern bestimme ich, **das Atmen**, in hohem Maße die Lebensqualität. Ohne mich gibt es kein Leben. Nach wenigen Minuten verliert der Mensch ohne Sauerstoff das Bewusstsein, der Körper stellt nach und nach seine Arbeit ein. Ohne mich gibt es keine Lebensenergie, Lebensfreude, keine Leistung. Gehirn und Nerven müssen mit Sauerstoff versorgt werden.

Jeder Sportler weiß heute über die Bedeutung von Hämoglobin, Ferritin oder Myoglobin für die Muskeltätigkeit. Und der Hirnarbeiter sollte schon mal was von **Neuroglobin** gehört haben. Warum? Weil **Aminosäuren** die Grundlage der Globine sind. Wenn die fehlen, geht es ganz schnell mit den Muskeln, dem Gehirn sowie der Lebensfreude bergab. Stichwort Sauerstoff beim Treppensteigen!? Hoffentlich wird die Luft nie knapp. Entwarnung, erst wenn der Aminosäurespiegel stimmt, darf durchgeatmet werden.

Die **Atemtechnik** ist die Grundlage jeder Yogalehre bzw. der mentale Hintergrund der kirchlichen Liturgie. Wer richtig atmet, kann lange entspannt und gleichzeitig konzentriert bleiben. Die Hauptsache ist dabei nicht das Einatmen, sondern das **Ausatmen**. Einatmen bewirkt Anspannung, Ausatmen dagegen Entspannung. Wer mit **Kraft-**

training oder **Pilates** einmal in Berührung gekommen ist, weiß, wovon hier die Rede ist. Der Mensch beherrscht ohne Anleitung, ohne Übung nur in seltenen Fällen das richtige Atmen. Warum? Weil er bei Anstrengung automatisch einatmet. Genau wie damals in der Steinzeit, als hinter jedem Felsen und Gebüsch die Gefahr lauerte. Was macht er in so einer Situation? Er atmet ein und rennt los. Und heute? Er reagiert genauso auf jeden Stressor, hält die Luft an, rennt aber nicht mehr los. Das Ergebnis: Die Nerven werden gereizt, man wird nervös, beginnt zu schwitzen, wird unkonzentriert. Atmet man dagegen bei Anspannung tief aus, steigt der Calciumspiegel. Wir fühlen uns ruhiger, entspannter und belastbarer.

Summa summarum: Wer mich, **das Atmen**, richtig beherrscht, kann auch erleben, wie sich das bewusste Eins-Werden von Denken und Tun anfühlt. Psychologen und Philosophen verwenden dafür den Begriff ‚**Flow**'. Wenn es fließt, spüren wir eine unglaubliche Leichtigkeit in unserem Tun, sei es beim Schreiben, Malen, Stricken, Musizieren oder Laufen. Unnachahmliche Glücksgefühle kommen von tief innen, unabhängig von Bankkonto, Herkunft oder anderen äußeren Faktoren. Ich, das gekonnte Atmen, bin ein absolutes Muss für das (Über-)Leben, für Freude, Lebenslust und Glücksempfinden.

B.3 Trinken

Ich, **das Trinken**, muss etwas ganz Besonderes für Eva und Adam sein. Warum? Weil über mich fast so kontrovers gestritten wird wie über Vitamin C. Okay, auch ich werde perfekt vermarktet. Und es gib Menschen gibt, die mich als Heilmittel preisen. Was ist nun richtig, was falsch?

Fest steht, dass der menschliche Körper ohne Flüssigkeitszufuhr nur wenige Tage überleben kann. Kein Wunder, besteht er doch zu etwa 70% aus Wasser, das Gehirn gar zu 80%. Dieser Prozentsatz sollte lebenslang eingehalten werden, damit die Organe reibungslos funktionieren: 10% in der Blutbahn, 15% im Lymphkreislauf, 25% im Gewebe und 50% in den Körperzellen.

Menschen eint, dass im Laufe des Lebens das Wasser in den Zellen weniger und im Gewebe dafür mehr wird. Viele Flüssigkeiten, die wir als Getränke zu uns nehmen, bewirken, dass die Körperzellen Wasser verlieren, anstatt welches zu bekommen, z.B. Kaffee, schwarzer Tee, Alkohol, Cola. Diese Getränke wirken entwässernd. Um die Zellen vor Austrocknung zu bewahren, gilt als Standardformel: Circa 30 ccm reines Wasser pro Kilogramm Körpergewicht und Tag. Das heißt: Bei 80 Kg Körpergewicht **mindestens 2 Liter**. Kohlensäure-, zuckerhaltige und alkoholische

Getränke übersäuern den Körper und führen langfristig zu Kalziumverlust und Verschlackung. Viele Menschen leiden Durst, erkennen dies aber nicht, weil sie **kein natürliches Gefühl** für Hunger und Durst mehr haben. Wer Quellwasser trinkt, merkt den Unterschied bald wieder.

Warum verspüren so viele trotz Wassermangel keinen Durst? Weil das **Unterbewusstsein** logisch arbeitet. Wenn nach einem Durstsignal häufig Flüssigkeiten getrunken werden, die dem Organismus Wasser entziehen, verhindert das Unterbewusstsein zum Schutz des Organismus, dass künftig ein Durstgefühl entsteht. Logisch.

Welches Wasser sollte man trinken? Die Antwort ist einfach: **Gesundes Wasser**. Okay. Was aber ist gesundes Wasser? Spätestens jetzt scheiden sich die Geister. Ich habe mich für die Fraktion entschieden, die meint, dass **Wasser sowohl Lebensmittel als auch Heilmittel** sein soll. Überzeugt hat mich dabei das Verhalten von Hund und Katze. Vor die Wahl gestellt, entschieden beide: 1. Quellwasser, 2. Mineralwasser still, 3. Leitungswasser und zuletzt Mineralwasser mit Gas.

Summa summarum bin ich, das richtige Trinken, ein absolutes Muss für lebenslange Vitalität.

B.4 Essen / Futtern

Es scheint verhext zu sein: Je älter der Mensch wird, desto leichter nimmt er zu. Gleichzeitig wird das Runter mit den Pfunden schwieriger. Die Folge: Man wird gewichtiger. Es sei denn, man verbrennt mehr Kalorien als man zu sich nimmt. Hört sich einfach an. Nur **die Praxis** sieht meist anders aus, und ich, das Essen, soll nun dafür verantwortlich sein. Nur weil

o   ich super gut schmecken kann.
o   ich die traute Zweisamkeit oder alternativ die Geselligkeit mit anderen fördere.
o   Grillen sich mittlerweile zur neuen Trendsportart entwickelt hat, zumindest für die, die eine Formel-1-Karriere abgehakt haben.
o   Kochschulen an allen Ecken zur genussvollen Weiterbildung einladen.
o   ein voller Bauch sich nicht gern bewegt.
o   Bewegung mit jedem Pfund mühsamer wird.

Das Ergebnis ist allseits bekannt. **Nach Schätzung der Weltgesundheitsorganisation (WHO)** sind 1,9 Milliarden Menschen übergewichtig. 600 Millionen von ihnen gelten als fettleibig. **Übergewicht verkürzt die Lebenserwartung**. So der eindeutige Befund der bislang umfangreichsten medizinische Studie zum Zusammenhang zwischen Gewicht und Sterberisiko (Datenbasis 10,6

Millionen Patienten, Zeitraum 1970 bis 2015). Für Menschen mit mäßigem Übergewicht verkürzt sich die Lebenserwartung um ein Jahr, bei mäßiger Fettleibigkeit sind es im Schnitt drei Jahre. Stark fettleibige Menschen verlieren sogar zehn Jahre. „Mit Übergewicht oder Fettleibigkeit erhöht sich klar das Risiko eines vorzeitigen Ablebens" sagt der Hauptautor **Emanuele Di Angelantonio von der Universität Cambridge**. Männer sind übrigens stärker gefährdet als Frauen.

Bei der Einstufung orientierten sich die Forscher am **Body-Mass-System** der Weltgesundheitsorganisation (WHO). Berechnet wird der Body-Mass-Index (BMI) als Quotient aus Gewicht und Größe (kg/m²), differenziert nach Geschlecht und Alter. Ein Beispiel zur Orientierung: Ein Erwachsener über 20 Jahre ist 1,75 Meter groß und wiegt 70 Kilogramm. Das ergibt einen **BMI von 22,9** und gilt demzufolge als **normal**.

BMI	**Einordnung**
unter 16	starkes Untergewicht
16 bis 17	mäßiges Untergewicht
17 bis 18,5	leichtes Untergewicht
18,5 bis 25	Normalgewicht
25 bis 30	Übergewicht
über 30	Fettleibigkeit

Über kaum ein Thema ist so viel geschrieben und gesagt worden wie über das Essen. Für mich, das Futtern, klingt die Empfehlung von **Professor Halle aus München** ganz vernünftig:

- Farbig essen, d.h. Gemüse und Salat statt Nudeln oder Kartoffeln.
- Obst als Nachtisch, damit der Blutzuckerspiegel weniger ansteigt.
- Saisonal einkaufen, also Beeren im Sommer, Kürbis im Herbst.
- Fisch auf den Tisch wegen der wichtigen ungesättigten Fettsäuren. Die sind in Hülsenfrüchte wie Linsen, Bohnen, Erbsen. Eintöpfe sind sättigend und schmecken gut.
- Keine Zwischenmahlzeiten, da diese nur zusätzliche Kalorien liefern.
- Apfelsaft und Cola kann man zwar nicht vergleichen. Aber beide sind kalorienreich wie auch Bier oder Wein.
- Kein Essen nach der Tagesschau. Abends möglichst keine Kohlehydrate, da diese die nächtliche Fettverbrennung behindern.
- Wasser immer zum Essen trinken. Hilft weniger zu essen. Und langsam essen, weil dann das Sättigungsgefühl schneller einsetzt.

Summa summarum: Man dachte früher einmal, dass es überwiegend genetisch bedingt sei, das mit den Pfunden. Mittlerweile hat man erfahren, dass fast alle Menschen mit **Normalgewicht im Alter** ihr ganzes Leben lang **sehr bewusst gelebt** haben: Ausgewogenes Essen, mäßiger Alkoholkonsum, regelmäßige Bewegung, Krafttraining.

Das letztere überrascht. Ist jedoch logisch, wenn man nachdenkt. Muskeln benötigen für ihre Tätigkeit Energie, d.h. sie verbrennen Kalorien. Wenn also die Muskulatur beim Älterwerden schwindet, muss sich auch die Zahl der verbrannten Kalorien reduzieren. Das Ergebnis ist bekannt. Seitdem Eva und Adam das kapiert haben, marschieren sie brav ins **Fitnessstudio** zum Training, zwei bis drei Mal die Woche. Das Training selbst macht ihnen nicht immer Spaß. Doch nach dem Training steigt der Spaßfaktor. Besonders wenn sie nach dem Duschen vor dem Spiegel stehen und ihr Gegenüber betrachten. Sitzt die vor zwei Jahren gekaufte Hose immer noch sehr gut, können **echt gute Gefühle** entstehen. Zustimmendes Lächeln ist erlaubt. Keine Sorge, das hat nichts mit Narzissmus zu tun.

Quelle: Prof. Dr.med. Martin Halle, Endlich fit, Schritt für Schritt, München 2014, S. 97ff

B.5 Kohlehydrate

Darf ich? Auch ich bin ein Nahrungsbaustein wie Fett oder Eiweiß. Um es gleich vorweg zu nehmen: Ich bin im Moment total verunsichert. Warum? Weil immer mehr Fakten darauf hinweisen, dass ich dick machen soll. Eigentlich wollte ich **Energie liefern**. Und nun? Viele verdammen mich als **Dickmacher**. Zum Glück nicht alle. Die **Deutsche Gesellschaft für Ernährung (DGE)** und die von ihr instruierten Ernährungsexperten stehen weiter zu mir. Nur, wie lange noch?

Der Privatsekretär der englischen Königin, Darren McGrady, verriet kürzlich in der International Business-Times: „Ihre Majestät ist eine Königin der **Ketose**. Sie verabscheut Kohlenhydrate." Dann erklärt er das tagtägliche Essen der Queen: „Wenn sie Fisch wählt, dann ist das so etwas wie gegrillter Lachs mit ein bisschen Gemüse und einem Salat. Es folgt eine Schüssel Obst zum Nachtisch. Wählt sie Fleisch, dann oft Wild. Entweder Steak oder ein kleines Stück Fasan. Sie verzichtet völlig auf Kohlenhydrate. Kein Brot zur Mahlzeit, keine Kartoffeln, Reis oder Nudeln. Nur Gemüse."

Wozu braucht man Kohlehydrate eigentlich? Im **Lehrbuch der Physiologie** steht, dass ich im Blut zu **Glukose** werde. Glukose ist eine spezielle

Quelle für die Energiegewinnung bestimmter Gewebearten und Stoffwechselabläufe. Genau genommen für zwei: Das Gehirn und den anaerob arbeitenden Muskel, also für den Sprinter. Ein normales Hirn braucht etwa 20 Gramm Zucker täglich. Und da im zunehmendem Alter weniger 100-Meter-Läufe absolviert werden, kann auch hier der Bedarf an Glucose nicht sehr hoch sein.

Vielleicht ist Martin Luther mit seiner Übersetzung „Unser täglich Brot gib uns heute" der Verursacher unserer Verbreitung? Könnte es sein, dass die Originalversion lautete: „Unser täglich Essen gib uns heute." Bilder von ihm zeigen eine beachtliche Körperfülle in späteren Jahren.

Summa summarum steht fest, dass große Teile der deutschen Bevölkerung der **Fettsucht** und dem **Diabetes** ausgeliefert sind. **Tendenz steigend.** Von anderen schweren Erkrankungen ganz zu schweigen. Im Hinblick darauf ziehe ich mich an dieser Stelle zurück und verzichte auf ein Plädoyer für meine Daseinsberechtigung. Nur noch eines: So wie Eva und Adam bisher erzogen wurde, ist es schwer vorstellbar, dass sie es schaffen, weitgehend auf Pasta, Brot, Reis und Kartoffeln zu verzichten. Warum? Weil der Mensch ein Gewohnheitstier ist.

B.6 Fett

Hallo, darf ich mich auch einbringen? Ich, das **Fett**, habe lange unter meinem schlechten Ruf gelitten. Zugegeben, bei keinem anderen Nahrungsbaustein liegen **Gut und Böse** so eng beieinander. Es gibt absolut gesunde Fette, aber auch Killerfette. Grundsätzlich gilt, dass es nicht so sehr darauf ankommt, wie viel von mir gefuttert wird, sondern welche Art. Beginnen wir mit Omega-3, das in einem bestimmten Verhältnis zu seinem Kontrahenten Omega-6 stehen sollte. Dann

o senkt es den Blutdruck, weitet die Blutgefäße
o verdünnt es das Blut, hemmt Entzündungen
o hilft es bei Osteoporose und Depressionen.

Wo findet man Omega-3-Fette: In Fischen, Meerestieren, grünem Blattgemüse und Nüssen. Wissenschaftler vom Massachusetts General Hospital in Boston fanden heraus, dass in Fisch enthaltene Omega-3-Fettsäuren das Risiko für Darmkrebs verringern. Wenn wir regelmäßig fetten Fisch futtern, Lachs, Sardinen, Makrele, kann unser Risiko an Darmkrebs zu versterben um bis zu 70 Prozent reduziert werden. Es gibt viele Untersuchungen über die positiven Auswirkungen von Omega-3-Fette: Geringeres Risiko für akute Herzinfarkte, Verbesserung der **Gedächtnisleistung.** Gut zu wissen. Und nicht vergessen.

Langkettige Fettsäuren werden mit Hilfe von **L-Carnitin** in die energieerzeugenden Mitochondrien transportiert werden. L-Carnitin wird aus den Aminosäuren Lysin und Methionin synthetisiert und erfüllt wichtige Stoffwechselfunktionen als **Fatburner**. Wir finden L-Arginin insbesondere in Schaf- und Lammfleisch.

Unter Insidern kursiert noch ein weiterer **Fitmacher**: **Kokosöl**, ist leicht verdaulich und dient als Baustoff für die Zellen. Da es hitzebeständig ist, kann man es auch zum Braten und Kochen verwenden. Darüberhinaus macht Kokosöl nicht nur Haut und Haare geschmeidig, sondern wirkt auch gegen Kariesbakterien.

Summa summarum gehört aus meiner Sicht Fisch zwei Mal pro Woche auf den Tisch. Wer eine Allergie gegen Fisch hat oder grundsätzliche Bedenken hegt, kann immer noch mit Omega-3 Kapseln aus Fischöl substituieren. Das zahlt sich aus. Mit einer ausreichenden Menge an Omega-3-Fettsäuren lässt sich nämlich auch der Verkürzung der **Telomere,** damit einer vorzeitigen Alterung, sowie der Entstehung einer Demenz, vorbeugen. Ist das ein Angebot?

B.7 Eiweiß

Ich, das **Eiweiß,** stamme aus dem Griechischen. Das Wort **Protein** wurde erstmals 1839 in einer Veröffentlichung von Gerardus Johannes Mulder benutzt und leitet sich ab von ‚proteios' für ‚grundlegend', basierend auf πρῶτος protos für ‚Erster' oder ‚Vorrangiger'. Und das hat seinen guten Grund: Ich bin lebenswichtig. Das Immunsystem, die Muskeln, die Organe, die Haut und die Glücksbotenstoffe bestehen aus 24 kleinen Eiweißbausteinen, **Aminosäuren**, die in einem eigenen Kapitel vorgestellt werden

Einige Aminosäuren nennt man essenziell, weil sie der Körper nicht selbst herstellen kann. Sie müssen über die Nahrung aufgenommen. **Wenn wir das Richtige futtern, brummt der Motor.** Wir fühlen uns wach, fit und leistungsfähig. Wenn das eine oder andere dagegen fehlt, laufen wir untertourig. Die Kraft fehlt, die Lust und all das, was normalerweise Vitalität auszeichnet.

Stoffwechsel heißt nichts anderes als Umsetzen von Futtermittel, Nährstoffen in Körpersubstanz und Energie. Er ist morgens zwischen sechs und neun Uhr am aktivsten. Die Konzentration der Aminosäuren im Blut schwankt stark im Laufe des Tages, je nachdem was gegessen wird. Damit beeinflussen sie die Stimmung von beschwingt bis schläfrig, von schöpferisch bis einfallslos, von entschlossen bis zögerlich, von konzentriert bis zerstreut, von entspannt bis rastlos.

Nur wenn die Eiweißdepots im Blut gut gefüllt sind, können die Aktivhormone, Neurotransmitter im Gehirn oder die Moleküle der Gefühle funktionieren und die gewünschte Leistung bringen. Daher empfiehlt es sich, bereits früh morgens eine Portion Eiweiß zu tanken: Milchprodukte, Soja, Weizenkeime oder Ei. Dann wird das Gehirn auch gleich mit ausreichend **Cholin** versorgt. Das ist die Basis für Denken, Konzentration und Gedächtnisleistung. Wenn man zu wenig Cholin im Blut hat, äußert sich das schnell in Müdigkeit und fehlender Kreativität.

Summa summarum könnten Eva und Adam alle vier Stunden ein kleines Häppchen Eiweiß ohne viel Fett futtern und damit die biologische Uhr etwas zurück drehen. Ich, das Eiweiß, bin übrigens ein anerkannter **Fatburner**, da der Körper bei meiner Verstoffwechslung Energie verbraucht, die er sich aus den Fettdepots holt. Hört sich nicht nur gut an, sondern fühlt sich auch entsprechend an.

B.8 Aminosäuren

Im Kapitel **„Eiweiß"** wurde bereits über meine Familie gesprochen. Wir sind die Bausteine der **Proteine**. Die Unterscheidung in ‚essentiell' und ‚nicht essentiell' beruht auf der Tatsache, dass der menschliche Körper die essentiellen Aminosäuren nicht selbst herstellen kann. Er ist hier auf die Zufuhr von außen über die Ernährung angewiesen. Im Einzelnen handelt es sich bei uns um:

Arginin lässt das NO ansteigen, hält die Gefäße elastisch, jung und stärkt das Immunsystem. Blockiert die Entstehung der Arteriosklerose.

Histidin (semi-essentiell) dient zum Aufbau des roten Blutfarbstoffes für den Sauerstofftransport. Reguliert Zellwachstum und die Regeneration.

Isoleucin sorgt dafür, dass das Gehirn Botenstoffe (Neurotransmitter) bilden kann für die mentale Belastbarkeit und die Denkgeschwindigkeit.

Leucin ist wichtig für die Ausdauer.

Methionin ist der Ausgangspunkt für den Eiweißaufbau. Fördert die Abwehrfunktion der Killerzellen im Blut.

Phenylananin ist die Basis für die Glückshormone wie Noradrenalin, Dopamin und Endorphine.

Taurin (semi-essentiell) verbessert die Fettverbrennung und entgiftet die Leber bei toxischer Überbelastung (Alkohol, Koffein).

Threonin beeinflusst die Durchblutung des Körpers, des Herzens und des Gehirns.

Tryptophan ist die Grundlage für Serotonin, das Hormon der inneren Ruhe, der Ausgeglichenheit.

Valin stimuliert das Wachstumshormon, als Teil des Carnitins die Fettverbrennung und fördert die Virenabwehr.

Daraus kann der Körper dann andere Aminosäuren bauen, wie zum Beispiel: Alanin, Asparagin, Cystein, Glutamin, Methionin, Glyzin, Prolin, Serin.

Summa summarum fristen wir, **die Aminosäuren**, aus unserer Sicht in der Therapie heute noch eher ein Schattendasein. Schade. Denn wir haben eine Menge zu bieten. Zum Beispiel unser **Glycin**, das erfolgreich gegen Arteriosklerose, Gicht als auch bei Panikattacken und Schlafstörungen wirkt. Die Aminosäuren Valin, Leucin und Isoleucin, die als **BCAA** = Branched Chain Amino Acids bezeichnet werden, wirken regenerierend. Nicht nur aktive Sportler schätzen diese Wirkung. Wir Aminosäuren können übrigens im Blut gemessen werden. Wer kennt überhaupt sein **Aminogramm**?

B.9 Vitamine

Dürfen wir uns jetzt vorstellen? **VITAMIN** ist unser Familienname. Der kommt von ‚**vita**' (lat.) und bedeutet **Leben**. Ohne uns geht sozusagen gar nichts. Warum sind wir so wichtig?

Die **Nahrungsbausteine Eiweiß, Fett und Kohlehydrate** können vom menschlichen Körper nur genutzt werden, wenn sie vorher in vielen Einzelschritten verarbeitet und in die Körperzellen eingebaut werden. An den meisten dieser Vorgänge sind wir, die Vitamine, beteiligt. Und wenn wir fehlen, knirscht es eben im Getriebe bzw. der Motor kommt nicht auf Touren bis hin zum gefürchteten Kolbenfresser. Wir sind wichtig, auch wenn viele Medizinmänner und Pharmamenschen das nicht wahrhaben wollen. Warum wohl? Vielleicht aus Profitinteresse? Wir wollen niemandem etwas unterstellen, aber, aus unserer Sicht sind Zweifel nicht ganz von der Hand zu weisen.

Unsere Familie besteht aus insgesamt **14 verschiedenen Mitgliedern**, die sich im Folgenden selbst vorstellen. Jedes auf seine spezielle Art. Apropos, auch uns kann man messen. Stichwort ‚Bluttest'. Wer mehr erfahren möchte: **dtv-Verlag erschienene Buch ‚Topfit mit Vitaminen', ISBN 978-3-423-34313-8.**

B.10 Vitamin A

Stehe ich nur deshalb an erster Stelle bei der Vorstellung unserer Vitaminfamilie, weil es hier alphabetisch zugeht? Vielleicht. Es gibt allerdings auch einen anderen Grund: Ich wurde bereits vor viertausend Jahren von den Sumerern ausgegraben. Auch die Ägypter wussten um meine Stärken. Und Hippokrates nutzte mich. Richtig entdeckt als Wirkstoff wurde ich 1909. Und wofür? Bei Augenentzündungen, Augenproblemen und Nachtblindheit. Daher werde ich auch als das ‚Augenvitamin' bezeichnet.

Ich gehöre zu den **fettlöslichen** Mitgliedern meiner Familie, wie Vitamin D und Vitamin K.

Wie über alle meine Familienmitglieder ist auch über mich schon eine Menge geschrieben worden. Nützliches und .... soll sich jeder sein eigenes Bild machen. Fakt ist, ich weiß wofür ich stehe: **Schützer von Zellen** (Antioxidans).

Was passieren kann, wenn ich vernachlässigt werde, sieht man gut bei Rauchern. Diese haben bekannter Weise bei Lungenkrebs so gut wie kein Vitamin C im Körper. Und was hat das mit mir zu tun? Sehr viel. Ich kann nämlich nur dann schützen helfen, wenn ich **zusammen mit Vitamin C** eingenommen werde. Wenn nicht, vergammle ich in kurzer Zeit und werde selbst zu einer schädlichen Substanz.

Erst mit Vitamin C zusammen werde ich zum segensreichen **Krebsschutz.** Eingenommen werde ich übrigens als **Beta-Carotin**, die Vorstufe. Diese sammelt sich in der Haut und wird von dort aus in der richtigen Menge in den Körper geschleust. Ein schlauer Mechanismus in der Natur und bei jedem Lebewesen. Auch beim Menschen.

Wo stecke ich in hohen Dosierungen drin?

In pflanzlichen und tierischen Quellen. So zum Beispiel in Leber, Möhren, Butter, Feldsalat, Grünkohl, Spinat, roter Paprika und Aprikosen.

Erfahrungen mit mir:

Eva und Adam benötigen mich in zunehmendem Alter mehr und mehr. Besonders so ab 65, aber auch wenn vegan gefuttert wird, geraucht und regelmäßig größere Mengen an alkoholischen Getränken konsumiert werden.

B.11 Vitamin B

Als **Vitamin B** kommen wir gleich mit einer ganzen Sippe daher, die sich primär um den Stoffwechsel kümmert. Ein Verkehrsminister würde das Tempo im menschlichen Leben mit der einfachen Formel ausdrücken: Optimaler Stoffwechsel = Autobahn, suboptimaler Stoffwechsel = Landstraße, schlechter Stoffwechsel = Schotterpiste. Nun in Einzelnen:

B 1: Thiamin   Treibstoff für das Gehirn
B 2: Riboflavin   Radikalenabwehr
B 3: Niacin   Gelassenheit
B 5: Pantothensäure   Energiestoffwechsel
B 6: Pyridoxin   Aminosäurestoffwechsel
B 8: Biotin   Hau, Haare, Nägel
B 9: Folsäure   Wachstum, DNA, Psyche
B12: Cobalamin   Zellwachstum/-teilung

Wir gehören alle zu den **wasserlöslichen** Mitgliedern unserer Familie wie auch C und E. Nach **Professor O. Stanger** gehört B6 zum sogenannten **Dreieck des Lebens (B6, B9, B12)**. Es senkt das gefährliche **Homocystein**, das die Demenz fördert (Framingham Studie).

B12 ist bekannt als **Mangelvitamin**. Nur zur Erinnerung: Fehle ich, ist der Mensch chronisch müde, leidet unter Energiemangel. Warum? Und warum häufig bei Älteren? Weil der menschliche Magen ab einem gewissen Alter kaum mehr B12 aufnehmen kann. Das bedeutet, dass man dann noch so viel B-Produkte futtern kann, es passiert kaum was. Einziger Ausweg: B12 spritzen.

Wo findet man uns B-Vitamine:

- **B1** in Bierhefe, Weizenkeime, Sonnenblumenkerne, Haferflocken, Bananen
- **B2** in Bierhefe, Hühnerbrust, Weizenkeime, Pilze, Spinat, Champignons, Magerquark und andere Milchprodukte
- **B3** in Bierhefe, Erdnüsse, Kaffee, Hühnerbrust, Sardinen, Naturreis
- **B6** in Lachs, Sardine, Huhn, Avocado, Zucchini, Bananen, Vollkornprodukte
- **B9** in grünem Blattgemüse, Salate, Spinat, Mangold, Fenchel, Haferflocken
- **B12** in tierischen Produkten, Krebs, Austern; Miesmuscheln, Steak, Ei und Milchprodukte.

Erfahrungen mit uns:

Lebensqualität im Alter ist keine Utopie. Sie ist aber auch eine Frage der Versorgung mit Vitaminen, zum Beispiel mit uns B-Vitaminen. Besonders wichtig ist dabei B12, vor allem, wenn die Sechzig überschritten sind.

B.12 Vitamin C

Eigentlich brauche ich mich gar nicht vorstellen. Die meisten kennen mich ohnehin. Um es gleich vorwegzunehmen, ich weiß, dass um mich wahnsinnig gestritten wird: Die einen finden mich ganz toll, meinen ich könnte fast allein ihre Gesundheit erhalten. Die anderen lehnen mich ab, weil sie meinen, dass normale Kost völlig ausreicht, um genügend von mir im Körper zu haben. Und die Dritten sind konfus, da sie immer wieder von neuen Studien lesen, die mich entweder vergöttern als Wunderwaffe oder verdammen.

Kommen wir nun zu den **Fakten**, die zumindest aus meiner Sicht unumstritten sind:

o Ich gehöre zu den **wasserlöslichen** Mitgliedern der Familie wie auch Vitamine B und E.

o Der menschliche Organismus braucht mich für verschiedene Funktionen, z.B. für die **Bekämpfung von Entzündungen**. Ich bin wichtig für das Immunsystem, gute Laune und die Fettverbrennung. In der Nebenniere stimuliere ich Noradrenalin, ein wichtiges Hormon. Es führt zu einer Engstellung dieser Gefäße und damit zu einer Blutdrucksteigerung. (Fluchtreflex).

- Der menschliche Organismus kann mich selbst nicht herstellen. Das bedeutet, dass ich ihm zugeführt werden muss. Viele Tiere können mich selbst herstellen. Dazu zählt jedoch nicht der Affe. Dem geht es wie dem Menschen. Der muss es futtern, z.b. in Form von Blättern, die er im Zoo angeboten bekommt.
- Es gibt mich nicht nur in Tablettenform, sondern auch in der Natur, z.B. in Sanddorn, Zitrusfrüchten, schwarze Johannisbeere, Brokkoli, Paprika, Erdbeere, Grünkohl, Kiwi, Kohlrabi, Rosenkohl.

Nun zu den strittigen Punkten.

a) **Der Bedarf**: Wie viel braucht der Körper täglich von mir? Das ist eine schwierige Frage. Ich sehe das so: Weil jeder Mensch ein Individuum ist, braucht der eine mehr von mir, der andere weniger. Wenn im Körper alles rund läuft, braucht man täglich sagen wir mal eine Einheit. Ist eine Erkältung im Anmarsch, ich das Immunsystem unterstützen soll, hätte der Körper wahrscheinlich gerne mehr von mir. Daher glaube ich, dass jeder für sich selbst entscheiden muss, wie viel er von mir braucht. Ob das ein Arzt, Gesundheitsberater, Ernährungsspezialist oder was auch immer entscheiden kann? Ich habe da Zweifel.

b) **Der Gehalt**: Kiwis haben bekanntlich einen hohen Gehalt an mir. Doch wie hoch ist der? Die Kiwifamilie ist groß , es gibt weiche und harte, grüne und gelbe, früh und spät geerntete, mit und ohne Flugerfahrung. Ob mit der Formel Pi x Daumen mehr Klarheit in die Diskussion kommt, wage ich zu bezweifeln. Meine Empfehlung: Ausprobieren, was hilft.

c) **Die Verarbeitung**: Mein Weg ist immer der gleiche: Spätestens im Verdauungstrakt bin ich in einzelne Elemente zerlegt. Was im Endeffekt von mir übrig bleibt, wohin ich im Einzelfall geschickt werde, liegt außerhalb meines Wissens. Das einzige, was ich weiß ist, dass auch hier die Individualität und Tagesform eines jeden Organismus eine wichtige Rolle spielt.

Erfahrungen mit mir:

Ich denke, dass **mit zunehmendem Alter** der menschliche Organismus eher mehr als weniger von mir braucht. Ob das an meiner Qualität liegt, dem Status des Verdauungstraktes oder der jeweiligen Tagesform vermag ich nicht abschließend zu beurteilen.

Übrigens, schon mal was von **Skorbut** gehört? Seefahrer kannten diese Krankheit, fürchteten sich vor ihr. Wenn ich mehrere Monate auf dem Speiseplan fehlte, waren die Auswirkungen drastisch, um nicht zu sagen tödlich.

In meiner Fangruppe gibt es nicht wenige, die täglich 1000 mg von mir als Tablette substituieren und regelmäßig regionales frisches Obst, Beeren und viel Gemüse futtern. Aber wie bereits gesagt, jeder muss selbst entscheiden, was ihm gut tut.

B.13 Vitamin D

Hallo, das ‚**Sonnenvitamin**' lässt grüßen. Toller Name. Schon bei den Ägyptern war die Sonne das Symbol des Lebens. Im Grunde genommen dürfte ich ja gar nicht so gut drauf sein, denn das Robert-Koch-Institut hat bereits 2008 festgestellt, dass **die Hälfte aller Deutschen** zu niedrige Vitamin-D-Spiegel haben. **Bei älteren Menschen** sollen **79%** davon betroffen sein.

Ich gehöre zu den **fettlöslichen** Mitgliedern meiner Familie, wie Vitamin A und Vitamin K auch.

Was ist meine Aufgabe? Bekannt bin ich auch als ‚**Knochenvitamin**'. Ohne mich weichen die Knochen auf (Osteroporose), biegen sich unter dem Körpergewicht zu O-Beinen, am Rücken formen sich Buckeln. Muss nicht sein. Auch nicht die vielen Becken- und Oberschenkelhalsbrüche. Es würden schon einige wenige Minuten täglich an der frischen Luft, **in der Sonne**, genügen, damit die Haut mich selbst bilden kann. Wenn dann noch das erforderliche Quantum an **Kalzium** dazu kommt, das ohne mich nicht vom Darm aufgenommen wird, freut sich die **Knochendichte**. Und nicht nur die. Auch das **Immunsystem** wäre happy.

Ich verhindere bereits beim Säugling die spätere Bildung von **Diabetes Typ 1** und in der Schwangerschaft die Entwicklung von **Multipler Sklerose**. Wenn es nach mir ginge, dürfte kein älterer Patient eine Arztpraxis verlassen ohne aktuellen **Vitamin-D-Spiegel**. Das ist meine Meinung.

Wo kann man mich finden?

Ganz einfach in der Sonne sowie in Fisch wie Hering, Lachs, Sardine, Rollmops, Forelle. Aber auch in Eiern und Butter. Mich kann man aber auch **ergänzen** in **Tablettenform** oder in **Fischölkapseln**. Am besten kombinierte Kalzium-Vitamin-D-Brause-Tabletten, die darüberhinaus auch noch ganz gut schmecken. Aber Vorsicht mit einer Überdosierung: Nicht mehr als 10 Mikrogramm. So die Warnung der sogenannten Experten im Lande.

Erfahrungen mit mir:

Ältere Menschen, so ab 65, brauchen mehr von mir. Eine Menge mehr, etwa das Doppelte. Warum? Weil die Vitamin-D-Produktion der Haut nachlässt. Konkret heißt das: 3 x pro Woche Fisch futtern oder ergänzen. Da führt kein Weg vorbei. Es sei denn, man liebt Rollstühle, Krankenhäuser, ambulante Pflegedienste oder Pflegeheime.

B.14 Vitamin E

Na, kennt mich schon jemand? Ich schütze das wertvolle Öl in Samen, Keimen und Früchten vor einer Zerstörung durch freie Radikale. Anders formuliert: Ich reduziere das Krebsrisiko (Antioxidans an der Zellmembran), schütze vor Arteriosklerose. **Die Fakten** über mich sind eindeutig:

35215 Frauen: **68% geringeres Dickdarmkrebsrisiko**, in: Canc Res 1993; 53

39910 Ärzte: **30% weniger Blasenkrebs**, in: Am J, Epidemiol 2000; 152

39910 Ärzte: **56% weniger Prostatakrebs**, in: Canc Epidemiol Biom.Prev 1999; 8

991522 Männer und Frauen: **40% weniger Blasenkrebs**, in: Am J Epidemiol, 2002; 156

29133 Raucher: **19% weniger Lungenkrebs, 22% weniger Dickdarmkrebs, 32% weniger Prostatakrebs** mit nur 50mg Vitamin E, in: J Nati Canc Inst 1999; 91

Ach ja, bevor ich es vergesse: Ich gehöre zu den **wasserlöslichen** Mitgliedern unserer Familie wie auch alle Vitamine B und C.

Die wenigsten wissen, dass ich nur in Verbindung mit meinem Verwandten **Vitamin C** wirke. Ohne ihn verrotte ich im Körper zu einem schädlichen Stoff. Doch gemeinsam wirken wir **antioxidativ**, d.h. zellschützend.

Nach der **Cache County Studie** mit 4740 Patienten können wir, also **Vitamin E und Vitamin C**, das Auftreten von **Alzheimer um 78% verhindern**. 78% - nicht vergessen.

Wo kann man mich finden? In Weizenkeimöl, Sonnenblumenöl, Olivenöl, Erdnüssen und Fenchel. Mein **stärkster Widersacher** ist die **industriellen Pressung,** bei der ich bis zu 40% meines Gehalts verliere. Hitze, Licht und lange Lagerung lassen Öle ranzig und zum Vitamin-E-Räuber werden. Da gibt es nur eine Möglichkeit: Ab in den Müll. Denn mehrmals hoch erhitzt sind sie ein explosives Radikalengemisch und wirken im Magen-Darm-Trakt krebsfördernd.

Erfahrungen mit mir?

„Tschüss Krebsrisiko" sage ich, solange naturbelassenes Gemüse und Kartoffeln gefuttert werden. In jedem Alter. Und einige Milligramm täglich ergänzen. Wer das nicht mag, kann alternativ einen halben Liter Sonnenblumenöl oder zwei Liter Olivenöl trinken. Täglich. Ich sage nur: Mahlzeit.

B. 15 Vitamin K

Zu guter Letzt komme ich nun an die Reihe. Aber wie heißt es so schön: Ende gut, alles gut.

Ich gehöre zu den **fettlöslichen** Mitgliedern meiner Familie, wie Vitamin A und Vitamin D.

Meine Hauptaufgaben sehe ich im **Kalziumeinbau in Knochen** und in der **Blutgerinnung**. Erfahre ich von einer Wunde, sorge ich dafür, dass sich das Blut mit Eiweiß zusammentut und so schnellstmöglich die Wunde verschließt. Da ich in kleineren Mengen auch im Darm hergestellt werde, funktioniert das meist völlig problemlos.

Wo findet man mich?

Ganz einfach in **Blattsalaten** und allem **grünen Gemüse**, also Sauerkraut, Grünkohl, Petersilie, Rosenkohl, Spinat, Brunnenkresse und Kopfsalat.

Erfahrungen mit mir?

Vegetarier brauchen viel weniger Kalzium als Allesfutterer, da sie mit dem grünen Blattgemüse viel von mir aufnehmen. Bekannt ist auch, dass Vegetarier sehr feste Knochen haben. Warum wohl?

Anders als bei Vitamin A und Vitamin D gibt es bei mir **keine Überdosierungsgefahr**. Zumindest für gesunde Menschen, die keine Blutgerinnungshemmer nehmen müssen.

B. 16 Vitalstoffe

Haben wir nicht einen tollen Namen, **Vitalstoffe**. Vital bedeutet lebenskräftig, lebenswichtig, munter und kommt von lat. vita ‚Leben'. Wir sind ein Sammelbegriff für Vitamine, Spurenelemente, Mineralstoffe, Amino- und Fettsäuren, Stoffe, die der menschliche Körper für seine vielfältigen Stoffwechselprozesse benötigt. Da bisher schon viel über Vitamine, Aminosäuren und Fette gesagt wurde, möchte ich mich auf drei Kollegen konzentrieren, die, um es vorweg zu nehmen, im Blut gemessen werden könnten: **Magnesium, Zink und Eisen**. Leider wird das in normalen Arztpraxen zu selten gemacht, finde ich.

Magnesium wird das **Salz der inneren Ruhe** genannt. Es macht widerstandsfähig gegen Stress, wirkt direkt im zentralen Nervensystem. Wer Nerven wie Drahtseile wünscht, muss dafür sorgen, dass sein Magnesiumspiegel im oberen Bereich liegt. Wer häufiger nachts unter Wadenkrämpfen leidet, kann mit großer Sicherheit davon ausgehen, dass ich ihm fehle. Magnesiummangel äußert sich auch als Nervosität, Schlafproblem und Leistungsschwäche.

Beim Nachfüllen mit Tabletten oder Pulver empfiehlt es sich darauf zu achten, wie der Körper mich aufnimmt und verarbeitet. Nicht wenige haben die Erfahrung gemacht, dass eine zu hohe Dosis, oder Magnesium zur falschen Zeit oder in falscher Form, zu Durchfall führt. Muss nicht sein. Es sei denn, man leidet unter Verstopfung.

Wo finden wir Magnesium in der normalen Nahrung? In Sonnenblumenkernen, Getreide, grünem Blattgemüse, Bananen, Nüssen, Mandeln und Meeresalgen.

Zink ist sehr wichtig für ein schlagkräftiges Immunsystem, für die Produktion vieler Hormone, z.B. Testosteron, für unser Gehirn und für den Zellschutz vor freien Radikalen. Zink ist an sehr vielen Prozessen im Körper aktiv beteiligt:

- Eiweißaufbau im **Immunsystem** um Infekte oder Krebszellen abwehren zu können,
- Eiweißaufbau für **Muskeln**,
- Aktivieren von Botenstoffen im Gehirn, Umwandlung von Tryptophan zu Serotonin.
- Eiweißaufbau für schnell sich vermehrende Zellen (**Fingernägel, Haut, Haare, Darm**).

Geophysiker haben schon vor Jahren festgestellt, dass viele Pflanzen mit ihren Wurzeln das immer mehr in die Tiefe absinkende Zink nicht mehr erreichen. Ursache: Kunstdünger und saurer Regen.

Wo finden wir Zink noch in unserem Essen? In Fleisch, besonders Rindfleisch, wo es besser aufgenommen wird als aus Getreide oder Gemüse. Vorsicht Vegetarier. Ein Grund dafür ist die in Vollkornprodukten und Hülsenfrüchten enthaltene Phytinsäure. Bremst die Aufnahme von Zink.

Wer sich gegen Erkältungs-, Grippe- oder Herpesviren schützen möchte wird darauf achten, dass seinem Körper stets genügend Zink zur Verfügung steht. Und wen es dann doch erwischt, kann mit Zink und Vitamin C seriösen Studien nach die Erkältungszeit zumindest halbieren.

Wie aus verschiedenen Quellen berichtet wird, machte sich bereits **Casanova** Zink zunutze. Er soll gerne und häufig Austern als sogenannten Aromatasehemmer gefuttert haben, was zu einem hohen Testosteronspiegel führte. Unabhängig davon werden auch Austern und erotische Erlebnisse immer wieder in einem Atemzug genannt.

Eisen: viele Eisenionen = viel Hämoglobin = viel Sauerstoff = viel Energie. Diese Formel könnte man vereinfacht so aufstellen. Eisen als Bestandteil des roten Blutfarbstoffes **Hämoglobin** ist essenziell für den **Sauerstofftransport**. Eisenhaltige Verbindungen helfen bei der **Entgiftung** schädlicher Stoffe, und regulieren den **Säurewert** (ph-Wert) des Blutes.

Wie erkennen wir ein **Eisendefizit**? Gesichtsblässe, Müdigkeit, Kopfschmerzen, Luftnot oder ein schneller Puls sind häufige Symptome. Eisenmangel ist übrigens auch eine Ursache von Haarausfall. Wer einen **Verdacht auf Eisenmangel** hat, sollte nicht sofort zur Pille greifen. Jeder Arzt kann den Eisenspeicher im Blut, das **Ferritin**, messen. Erst wenn eindeutig ein Mangel feststeht, sind entsprechende Maßnahmen angezeigt. Mediterranes Essen mit viel Eiweiß, Essig/Öl-Dressing, Zitronensaft hilft bei der Eisenaufnahme. Generell finden wir viel Eisen in Linsen, Pfifferlingen, weißen Bohnen, Weizenkleie, Schweineleber und Austern.

Summa summarum ist es kein Zufall, dass wir als Vitalstoffe bezeichnet werden. Fakt ist, dass der Mensch sich nur so gut fühlt, wie der Stoffwechsel läuft. Wenn der ins Stottern kommt, fühlt sich das an wie halbe Kraft. Man ist unkonzentriert (Gehirnstoffwechsel), muffig (Botenstoffe), abgeschlafft (Energiestoffwechsel), anfällig für Infekte (Immunsystem). Wird die Stoffwechselmaschine richtig betankt, ist glücklich und gesund bis ins hohe Alter wirklich machbar.

Quelle: Dr. Ulrich Strunz, Andreas Jopp, Mineralien, das Erfolgsprogramm, München 2005.

Kapitel C: Das Bewegen

Über mich, **die Bewegung**, ist eine Menge geschrieben worden. Dem möchte ich nicht viel hinzufügen. Fest steht jedenfalls, dass ich Eva und Adam fit halte und deren Vitalität nachhaltig steigere. Leider ist es nun mal so, dass es auch Menschen gibt, die sich nicht so gerne bewegen. **Couchpotatoe** klingt etwas despektierlich, denn die machen das ja nicht absichtlich. Nein, die sind von ihrer Grundmotivation her eben nicht zum Laufen geboren. Also was tun? Sicher **nicht auf der Couch** verweilen. Es gibt eine Vielzahl sportlicher Aktivitäten, die mit Bewegung und frischer Luft verbunden sind: Wandern, Skaten, Biken, Spinning, Schwimmen, Ball spielen, Tanzen, Reiten, Gymnastik, Tennis, Golfen, Surfen und Vieles mehr. Und da soll nichts passendes dabei sein?

Wer sich aufgerafft hat, sollte eines nicht vergessen: Erst eine **qualifizierte Beratung beim Doc**. Aber bitte ein Normalgewicht auswählen, und nicht einen Davidoff-Liebhaber mit dickem Bauch und/oder Bordeaux-/Whiskysammlung. Der könnte nämlich ein ganz eigenes Weltbild und Verständnis von Vitalität haben.

Kommen wir jetzt zu den **Bewegungsakrobaten**, die Bewegung brauchen wie der Fisch das Wasser. Die laufen und laufen und laufen, oder schwimmen, fahren Rad und laufen abschließend. Ja, ja werden nun einige sagen, aber das geht nicht bei mir, bei meiner **Arthrose**. Hier machen neue Studien Mut. **Laufen gegen Arthrose**, so **Professor Walther**, Orthopäde in München. Er sagt, dass tägliche Bewegung unerlässlich ist für den Gelenkknorpel, ihn ernährt und aufbaut. Und dass gerade derjenige Arthrose bekommt, der sich nicht bewegt, was besonders für übergewichtige Zeitgenossen zutreffen soll. Und auch wenn die Arthrose schon da ist, gilt „bewegen kommt vor operieren", so eine Sonntagszeitung. Sie bezieht sich dabei auf eine Studie, in welcher am Knie operierte verglichen wurden mit Patienten, die mit Bewegung und gezieltem Muskelaufbau behandelt wurden. Das klingt doch gut. Oder?

Summa summarum steht fest, dass Bewegung, also **Laufen, Heben und Beugen** vitaler macht. Wer die Ergebnisse der **Douglas-Studie** gelesen hat weiß, dass mehr Sport/Bewegung den körperlichen Verfall bremst, dass man sein Schicksal selbst beeinflussen kann, dass wer Neues lernt, sein Gedächtnis, seine Beweglichkeit verbessert. **Das gilt für jeden und in jedem Alter**. Also runter von der Couch, zumindest ab und zu.

https://www.pocketstory.com/der-spiegel/die-douglas-babys

C.1 Laufen / Joggen

Wer sich mit mir, dem Laufen oder Joggen intensiver auseinandersetzen möchte, kann dies auf sehr unterschiedliche Art tun:

o Menschen mit einer Affinität zur SM-Szene können ihr Schicksal in die Hände eines Schleifers, eines Trainingsplanfetischisten legen. In Fachkreisen ist **Peter Greif** der Guru einer speziellen Anhängerschaft. Mit ‚Countdown zur Bestzeit' und so weiter. Einfach mal reinschauen bei www.greif.de.

o Menschen, die mehr auf Humor stehen, können sich mit **Achim Achilles** (Vorsicht Pseudonym) bekannt machen, einen Berliner Journalisten. Seine Achilles'Verse sind köstlich zu lesen und geben tiefen Einblick in das Seelenleben der Läufergemeinde. Er hat eine Lauf-Kolumne bei SPIEGEL ONLINE. „Mein Leben als Läufer" ist in mehreren Bänden erschienen im Heyne-Verlag.

o Menschen, die unsicher sind, ob das mit dem Laufen für sie das Richtige ist, können in eine **Laufschule** gehen. Jawohl, auch Laufen kann gelernt werden. **In jedem Alter**. Es ist unglaublich, was man dabei alles falsch machen kann. Und wer falsch läuft, vielleicht noch in ungeeigneten Schuhen, der verliert schnell seine Motivation. Statt Spaß gibt es dann Schmerzen, die direkt zurück auf die Couch führen. Und genau von der wollten wir runter.

o Menschen, die meinen schon alles zu wissen, also der Typus **Autodidakt**, können das Laufen natürlich auch auf ihre Art betreiben. Wie wäre es beim ersten Mal mit 50 Schritten im Kurpark? Dann eine Runde gehen. Dann wieder laufen, u.s.w.. So sind schon bei manchem aus 50 Schritten 5 Kilometer geworden. Na, hört sich das nicht verlockend an? Und, wer 5 Kilometer laufen kann, der kommt auch wieder Treppen hoch, ohne Aufzug.

Und wenn die Knie schmerzen? **Arthrose**. Hier machen neue Studien Mut mit dem Tenor: Es geht mit der Zeit, wenn man geht.

Summa summarum steht für mich eindeutig fest, dass ich, **das Laufen**, jung und gesund halte. Es muss ja nicht Marathon oder Leistungssport sein. Täglich eine halbe Stunde zügiges Gehen und die Welt sieht schon anders aus. **Das gilt für jeden und in jedem Alter.** Also runter von der Couch, ab an die frische Luft oder aufs Laufband im Fitnessstudio. Letzteres hat den Vorteil, dass man sich dort fast wie zu Hause fühlen kann - bewegen mit dem Fernseher vor der Nase.

C.2 Heben / Muskeln

Ich, die **Muskelmasse**, bin zuständig für Kraft und Energie. Schon mal nachgedacht, woher ein spanischer Stier die Urkraft hat, die mancher Mensch auch gerne hätte? Dabei fressen Stiere nur Gras. Muskeln bestehen jedoch aus Eiweiß. Woher nehmen Stiere das Eiweiß für ihre Muskeln? Treffen sie sich vielleicht abends hinter der Arena und räumen Bio-Metzgereien aus? Fakt ist, dass sie das nicht tun. Und Fakt ist auch, dass mit dem Alter Muskeln verfallen, wenn nichts dagegen unternommen wird. In alten Beständen habe ich folgende Verse gefunden:

Sechshundertvierzig, was eine Zahl, das ist erwiesen, und völlig normal. Doch mancher in den Spiegel schaut, er dieser Zahl nicht glauben traut. Was ist bei mir nur schief gelaufen, es ist doch echt zum Haare raufen. Früher war ich echte Klasse, und heut fehlt mir so viel an Masse.

Der Muskel ist, wie ein Chamäleon, zu sehen mal hinten, mal schräg vorn. Wenn man ihn nicht fordert täglich, er sich davon schleicht eher kläglich. Das geht meist schneller als man denkt, hast mal das Bein du dir verrenkt. Drei Wochen Gips, der Muskel dünn, manch einer fragt, wo ist der hin.

Der Mensch verliert, wenn er so dreißig, und Muskeln nicht trainiert sehr fleißig, pro Dekade stark an Masse, was bezahlen muss die Kasse. Dieser Schwund macht keinen munter, denn die Stimmung geht rasch runter. Hormone des Glücks sind auch betroffen, die Immunabwehr wird hart getroffen.

Geht das so weiter viele Jahre, winkt von weitem schon die Bahre. Und wird beim Atmen eng die Luft, rückt immer näher die kalte Gruft. Doch das muss keineswegs so sein, denn die Entscheidung, die ist dein. Es ist nicht viel, was würd genügen, das heißt trainieren, üben, üben.

Prof. Dr. G. Uhlenbruck, Immunologe an der Uni Köln, sagt: "Was unsere Gesundheit anbetrifft, so spielt die Masse unserer Muskeln eine zentrale Rolle. Wir können nicht nur flüchten mit ihnen oder uns mit Fäusten wehren, nein, wir können den Kampf ums Dasein auch gesund überstehen. Unsere Muskeln sorgen dafür." Das eigentliche Problem der Sitzenbleiber, der wenig Muskulösen, läge im **inneren Bauchfett**, nicht im äußeren Fett, da es viele chronisch entzündliche Stoffe produziere, die unsere Gesundheit bedrohen. "Etwa 70% aller Krankheiten könnten durch regelmäßiges sportliches Training verhindert werden. Alle Kraft, auch die geistige geht vom Muskel aus! Und jede Form von Abwehrkraft gegen innere und äußere Feinde auch!"

Quelle: www.healthtribune.eu

Er bezieht sich dabei auf Frau **Prof. Pedersen**, Kopenhagen, die sich mit den **Myokinen** beschäftigt, neu entdeckte Botenstoffe aus der Muskulatur. Diese seien die eigentlichen Gesunderhalter und Gesundmacher beim sportlichen Training von Muskeln.

Muskeln verfallen mit dem Alter. Und ein Muskel, der nicht mehr trainiert, wird zu Fett. Das ist leider nun mal so. Daher Vorsicht wer früher mal Bodybuilder war. Spiegel können grausam sein.

Was kann ich konkret für meine Muskeln tun?

o **Muskelanreize setzen**, d.h. beim Muskeltraining pro Durchgang so lange üben, bis nichts mehr geht, bis der Muskel total erschöpft ist.

o **Muskeln aufbauen mit Eiweiß**, d.h. sie mit den notwendigen Stoffen versorgen. Damit freie Aminosäuren im Blut zu Muskelzellen werden, benötigen sie **Zink**. Eiweißaufbau ist ein anaboler Prozess mit den Zutaten **Testosteron** und **Wachstumshormon**. Jetzt fehlt nur noch **Glutamin**: „Der Eiweißaufbau in der Muskulatur als Stoffwechselorgan funktioniert um so besser, je mehr von der Aminosäure Glutamin dort vorhanden ist". So die Zeitschrift für Physiologie aus dem Am J Physiol 1985; 255: E 166.

- **Trainieren, trainieren, trainieren**. Am besten 2-3 Mal pro Woche, 30 – 45 Minuten. Bei uns im Studio heißt das **Milon-Zirkel**.

Unter www.milon.com steht: „Das milon Zirkeltraining läuft in einem, wie das Wort schon verrät, zeitlich fest getakteten Kreislauf ab. Die verschiedenen Muskelgruppen werden so nacheinander trainiert, während sich die Geräte dank milon CARE und den gespeicherten Daten der Nutzer auf ihre individuellen Bedürfnisse einstellen. So stellt das milon Zirkeltraining eine abwechslungsreiche Trainingsmethode dar."

Selbstverständlich gibt es auch andere professionelle Anbieter wie z.B. www.kieser-training.de oder www.medx-training.net. Warum nicht mal ein Probetraining absolvieren oder an einem Tag der offenen Tür vorbei schauen? Kostet nichts.

Summa summarum fördert Krafttraining die Muskelkraft und die Gelenkstabilisierung. Ist wichtig zur Prophylaxe von Verletzungen. Da Krafttraining anstrengend ist, sollte Entspannung danach nicht fehlen. Beispielsweise ganz aktiv mit der **„Progressiven Muskelentspannung"** nach Edmund Jakobsen. Es muss ja nicht gleich die 100°C heiße finnische Sauna mit mehreren Aufgüssen sein. Erschöpfte Muskeln freuen sich auch über ein Dampfbad, eine Aromasauna oder eine professionelle Massage.

C.3 Beugen / Beweglichkeit

Ich, die **körperliche Beweglichkeit**, scheine ein besonderes Thema zu sein. Besonders für das männliche Geschlecht. Es wurde von Mutter Natur etwas benachteiligt, da Frauen nachweisbar ein weicheres Bindegewebe haben. Andererseits, schaut man sich mal an wer an Gymnastikkursen, wie z.B. Pilates, Yoga, Back + Stretch, Gesunder Rücken oder Beine, Bauch, Po, teilnimmt, dann sind dort überproportional Frauen anzutreffen, die sich vorbeugend verrenken. Fragt man die wenigen Männer nach dem Warum ihrer Teilnahme, erfährt man häufig eine Menge über das Thema Rückenbeschwerden. **Fakt ist, wer rastet, der rostet**. Zumindest hier scheint Eva nicht nur körperlich beweglicher zu sein als Adam.

Wie kann man seine **Beweglichkeit verbessern**?

Generell gilt: Nicht darüber Reden, sondern Tun. Und das nicht ab und zu, sondern regelmäßig. Am besten täglich, zum Beispiel nach dem Aufstehen, oder abends nach der Entspannung. Zehn Minuten auf der eigenen Gymnastikmatte in Eigenregie würden genügen. Das setzt jedoch eine Menge **Selbstdisziplin** voraus. Und die bringt nicht jeder auf. Wer kennt nicht die Zeitgenossen, die sich modernstes Gymnastikequipment angeschafft haben, Terrabänder in allen Variationen,

Pezzibälle, Massagebälle, Flexi-Bar Schwungstäbe, die nach kurzer Zeit in einer dunklen Ecke verschwinden, direkt neben dem Hometrainer, Stepper oder Trampolin.

Wer mehr auf **externe Anleitung** steht, Gruppendynamik als disziplinierend und motivierend schätzt, kann überall passende Kurse buchen.

o Eine neuere Methode ist das **Faszientraining**, bei dem man sich im Prinzip selber massiert um Verspannungen und Verklebungen in den Muskeln zu lösen, die Körperhaltung zu verbessern und lästige Schmerzen im Bewegungsapparat loszuwerden. Dabei rollt man einzelne Muskelpartien über harte Schaumstoffrollen. Das ist zeitweise etwas unangenehm und manch einer verzieht das Gesicht. **Verschlimmbesserung** nennt das der Fachmann: Erst Schmerzen ertragen, um später weniger Schmerzen zu haben bzw. mehr Beweglichkeit zu erlangen

o **Five** ist ein anderes innovatives Konzept zur Verbesserung der Beweglichkeit. Es basiert auf der Lehre der **Biokinematik**, die Erkenntnisse aus der Medizin, Mathematik und der Biologie nutzt. Zentrale Fragestellungen sind: Wie entstehen chronische Schmerzen? Wie kann man sie behandeln? Wie kann ein Körper, der seine natürliche Bewegungsfähigkeit verloren hat, wieder ins Gleichgewicht gebracht werden? Der geistige Vater von Five ist **Walter Packi**, der heute als ärztlicher Direktor des Instituts für Biokinematik in Bad Krozingen arbeitet. Mehr darüber unter www.five-konzept.de.

o **Stretching** soll Spaß machen. Das klingt wenig wissenschaftlich, doch werden damit große Dogmen der Vergangenheit in Frage gestellt. Wie war das früher? Vor dem Joggen muss gedehnt werden, natürlich statisch, und nach dem Lauf hilft nur gehaltenes Dehnen. „Richtig Dehnen gibt es im Prinzip gar nicht, zumindest kein absolutes Richtig oder Falsch – das ist nur eine Frage des Ziels", sagt Stretching-Guru **Prof. Dr. Jürgen Freiwald** von der Bergischen Universität Wuppertal. Er empfiehlt beim Stretching alles auszuprobieren und abhängig von Stimmung, Verfassung und Ziel einzusetzen. „Bereite ich mich auf ein Tennismatch vor, dehne ich gezielt das Schultergelenk für die Ausholbewegungen, und das funktioniert am besten dynamisch. Danach sollte man erst dehnen, wenn sich die Muskeln wieder locker anfühlen."

o **5 Tibeter** werden unter www.5-tibeter.net wie folgt beschrieben: „Sie sind eine einfach zu erlernende und vor allem funktionierende Methode unser körperliches, geistiges und seelisches Wohlbefinden zu steigern. Man kann sie in 10 – 20 Minuten zuhause machen. Trotz ihrer scheinbaren Einfachheit haben die 5 Tibeter eine allumfassende, ganzheitliche Wirkung. Sie eignen sich für Menschen jeden Alters ebenso wie für Menschen mit körperlichen Einschränkungen. Ihren Ursprung haben sie in klassischen Hatha-Yoga-Übungen. Regelmäßig und bewusst ausgeführt kann man durch sie auch den Weg zum seelisch-geistigen Wohlbefinden erreichen." Warum nicht die Übungen der 5 Tibeter erst in einem Kurs erlernen und später allein in den eigenen vier Wänden täglich anwenden?

o **Krafttraining.** Früher dachte man, dass trainierte Muskeln der Beweglichkeit eher abträglich wären. Das ist aber nicht so, zumindest wenn die Muskulatur sich im entspannten Zustand befindet. Also, schon wieder eine Ausrede weniger.

Summa summarum bin ich, **die Beweglichkeit**, unverzichtbar für die Vitalität, besonders im zunehmenden Alter. Das besondere an mir ist, dass bereits nach wenigen Übungen erste Trainingserfolge spürbar sind. Und in Verbindung mit Gleichgesinnten und/oder Musik kann Gymnastik sogar richtig Spaß machen.

C.4 Schwitzen / Saunieren

Zu guter Letzt will auch ich, **das Schwitzen**, mich als Vitalist ins Gespräch bringen. Warum so spät? Vielleicht weil es altmodisch klingen mag mit '**ohne Fleiß kein Preis**'. Aber dort wo fleißig gearbeitet wird, fließt eben Schweiß, sei es beim Tapezieren, Heimwerken, Joggen, Radeln, beim Krafttraining oder bei der Rückengymnastik.

Bei Eva und Adam hat Schweiß die Funktionen:

- **Kühlung**: Durch die Verdunstung von Schweiß auf der Hautoberfläche wird der Körper gekühlt. Dies schützt den Organismus vor einer lebensgefährlichen Überhitzung. Dabei wird das Blut in den Kapillaren abgekühlt.

- **Hautfreundlichkeit:** Auch die Haut kann auf das ausgeschiedene Sekret nicht verzichten. Schweiß erhöht die Hautfeuchtigkeit indem die Wasserbindungsfähigkeit der Hornschicht gefestigt wird. Dadurch wird die Haut angenehm geschmeidig.

- **Immunabwehr:** Der saure pH-Wert von Schweiß bildet ein Schutzschild gegen krankmachende Bakterien und Pilze. Die Vermehrung von Mikroorganismen auf der Körperoberfläche wird ausgebremst. Eine stabile Säureschutzschicht der Haut ist für Bakterien und Pilze eine Barriere.

o **Entgiftung:** Über den Schweiß werden verschiedene Giftstoffe ausgeschieden, Abfallprodukte der Niere und Leber. Beispielsweise ist nach dem Konsum von Alkohol ein vermehrtes Schwitzen zu beobachten.

o **Entschlackung:** Das Schwitzen soll den Körper entschlacken. Wissenschaftlich ist das zwar nicht konkret belegt. Trotzdem fühlen sich viele nach dem Wellness-Schwitzen in der Sauna gesundheitlich erholt und berichten über positive körperliche Auswirkungen.

Es gibt aber auch Menschen, die es mit mir, **dem Schwitzen**, nicht so haben, mich sogar eklig finden. Ich denke, die haben noch zu wenig darüber nachgedacht, warum es zum Beispiel keinen Motor ohne Kühlsystem gibt. Genauso verhält es sich bei Frau und Mann. Es ist bestimmt keine Laune der Natur, dass lebendige Wesen mit Schweißdrüsen ausgestattet wurden. Und auch diese gilt es in Schwung zu halten. Wobei wir beim Thema **Saunieren** gelandet wären.

Um es vorweg zu nehmen: "Wichtig ist nicht, wie sehr Sie schwitzen, sondern wie wohl Sie sich fühlen". Das meint zumindest www.richtig-saunieren.de. Eine Meinung, der man sich voll anschließen kann. „Achten Sie auf Ihr eigenes

Körperempfinden und passen Sie den Saunagang Ihrem eigenen Wohlbefinden an. Versuchen Sie Ihren eigenen Rhythmus zwischen Hitze und Kälte, Bewegung und Entspannung, Geselligkeit und Ruhe zu finden."

Eine persönliche Anmerkung muss an dieser Stelle gemacht: In manchen Saunen geht es zu wie früher in Sodom und Gomorra. Jeder macht, was er will. Ergebnis sind Verlierer rundum: Frustrierte Saunaritualisten, verdreckte Sitzbänke, verärgerte Saunabesitzer, die hohe Reinigungs- und Instandhaltungskosten stemmen müssen. Und das alles wegen einiger Banausen, die entweder noch nichts von Hygiene gehört haben, oder einfach keinen Bock haben Regeln zu folgen. Hier besteht konkreter Handlungsbedarf. Saunieren ist dann ein echter Vitalist, wenn Eva und Adam

o nicht mit leerem Magen oder direkt nach dem Essen in die Sauna gehen.

o nicht unbekleidet den Saunabereich betreten.

o vor dem Betreten der Sauna duschen, us hygienischen Gründen und um den störenden Fettfilm der Haut zu entfernen.

o sich vor der Sauna gut abtrocknen, da die trockene Haut besser schwitzt.

o mit einem warmen Fußbad zuvor ihren Körper akklimatisieren.

- sich ruhig verhalten, die Klappe halten und einfach die Entspannung genießen.
- ein XXL-Badetuch auf die Holzbank legen.
- als Saunaanfänger die Bänke der unteren oder mittleren Reihe bevorzugen, da warme Luft nach oben steigt und es oben heißer ist.
- in den letzten Minuten die Liegeposition ändern, sich senkrecht hinsetzen, um Kreislaufproblemen vorzubeugen.
- immer frühzeitig die Sauna verlassen wenn sie sich nicht ganz wohl fühlen.
- niemals länger als 15 Minuten am Stück saunieren, am besten zwischen 8und 12 Minuten.
- während eines Aufgusses die Sauna nicht verlassen oder betreten.
- direkt nach dem Verlassen der Saunakabine kurz an die frische Luft gehen, um die Atemwege zu kühlen und Sauerstoff zu tanken.
- nach jedem Saunagang sowie vor der Nutzung eines Tauchbeckens duschen.
- während des Saunabesuchs keinen Alkohol trinken. Empfehlenswert sind calcium- und magnesiumreiche Mineralwasser oder verdünnte Fruchtsäfte.

Vorteile eines regelmäßigen Saunierens sind:
- Die körpereigene Abwehr wird gestärkt.
- Die Haut wird gereinigt.
- Das Herz-Kreislauf-System wird gestärkt.
- Der Blutdruck normalisiert sich.
- Körper und Geist entspannen sich.
- Die Gefäße werden trainiert.
- Die Lungenkapazität wird erhöht.
- Stress wird besser verarbeitet.
- Beanspruchte Muskeln regenerieren besser.

Saunieren sollte man **nicht** bei
- Erkältung oder einem grippalern Effekt.
- Entzündung innerer Organe, akuter Rheumaerkrankung.
- Gefäßveränderungen, insbesondere am Herzen und im Gehirn.
- allgemeinem Unwohlsein.
- schweren Herz- und Lungenerkrankungen, extremem Bluthochdruck.
- Nierenproblemen, Schilddrüsenüberfunktion.

Quelle: www.richtig-schwitzen.de

Summa summarum kann ich, **das Schwitzen**, sehr wohl ein Vitalist sein. Über einen vernünftigen Umgang mit mir freuen sich gleichermaßen **Körper, Geist und Seele**. Und es gibt so viele Varianten, dass für jede/n etwas dabei sein müsste: Dampfbad, Aroma-Sauna, Kräuter-Sauna, Farblicht-Sauna, Blockhaus-Sauna. Es muss nicht die finnische 100°C-Sauna mit Aufguss sein, es geht auch bei 40°C, 50°C, 60°C oder 80°C. **Wohlfühlen, entspannen** ist angesagt und nicht ‚immer heißer, immer öfters, immer länger'.

Kapitel D: Eigenverantwortung

Verschleißerscheinungen sind ein **Grundprinzip** der Natur. Der älter werdende Mensch bekommt das natürlich auch zu spüren, der eine früher, der andere später, immer abhängig von der Intensität der Nutzung, der Wartungsintervalle, der Ernährung, der Bewegung und der Entspannung. Eigentlich genau so wie beim Auto. Und das muss im betagten Alter jährlich zum TÜV. Das ist gesetzlich vorgeschrieben.

Für das Funktionieren von Eva und Adam ist das anders geregelt. Der Gesetzgeber unterstellt hier **Eigenverantwortung.** Für manchen Zeitgenossen ein seltsames Wort. Hat man bisher doch immer geglaubt, dass für die Gesundheit die Krankenkasse, der Hausarzt oder die Helferschar der Pharmaindustrie zuständig sind. Der Kassenbeitrag wird doch Monat für Monat eingezogen, die Rezeptgebühr gelöhnt. Wozu also Eigenverantwortung, sich für sich selbst verantwortlich fühlen?

Jetzt wird es ganz subjektiv. Ich bin überzeugt, dass Verantwortung übernehmen für die eigene Vitalität der Königsweg ist. Okay, es ist bekannt, dass viele Wege nach Rom führen, zum Beispiel

- **glauben**, dass das **Schicksal** ohnehin in den Sternen liegt, also vorbestimmt ist im Sinne von ‚Schicksal'. Vorsorgeuntersuchungen, Screenings etc. sind Fremdworte.
- **hoffen**, dass die **Ärzteschaft** weiß, was das Beste für mich ist (**Fremdattribution**). Und wenn es weh tun sollte, bekomme ich die richtige Spritze, Tablette oder Behandlung verschrieben. Die Götter in weiß haben ja nicht umsonst studiert.
- **warten** auf **Wunder** der ‚Alternativmedizin', vom Handauflegen, über Schamanen bis hin zum Heilsbringer Vitamine in höchsten Dosen oder Zauberwasser aus Lourdes.
- **beharren**, dass **nur ich** weiß, was zu tun ist. Wozu andere um Rat fragen. Und wenn es wirklich hart kommen sollte, Augen zu und durch. Die Selbstheilungskräfte des Körpers werden es schon richten. Wenn nicht, dann hat es nicht sollen sein.
- **Verantwortung** für sich **selbst** übernehmen unter Einbeziehung aller verfügbaren Quellen. Sich bewusst sein, dass es nie eine 100-prozentige Sicherheit für ein langes vitales Leben geben wird. Aber die letzte Entscheidung treffe immer nur ich.

Wie auch immer: Eine Ausrede gilt ab einem gewissen Lebensstadium nicht mehr: „**Ich habe keine Zeit.**" Jetzt haben Eva und Adam Zeit, es sei denn alte Gewohnheiten, Parteigenossen, Vereinsinteressen oder 450-Euro-Jobs bestimmen noch immer den Tagesablauf.

Ich habe jedenfalls nach einer längeren **Lernphase**, man könnte sie auch als **Leidensphase** bezeichnen, meine Konsequenzen gezogen und sehe mich als **uneingeschränkten Boss** meiner Vitalität und Gesundheit. Alle anderen sind für mich Ratgeber. Nicht mehr und nicht weniger. Und wenn einer daher kommt mit Empfehlungen der Art „Sie/Du musst unbedingt ..." mache ich ihm klar, dass ich seinen Rat schätze, aber nicht mehr. Was ich tatsächlich mache oder auch nicht, ist meine eigene Entscheidung. Und für diese sehe ich mich allein verantwortlich.

Das Verständnis „**Ich bin der Boss**" hat zugegebenermaßen einen kleinen Nachteil: Wenn es mal schief geht, kann ich keinen anderen dafür verantwortlich machen. Ich habe ja so entschieden und nicht mein Haus- oder Facharzt, Heilpraktiker oder Apotheker. Damit kann ich jedoch gut leben, denn ob Fremd- oder Selbstschuld ist für mich im Endeffekt ohne Belang. Ich bin und bleibe der Betroffene. Ich und nur ich. So ist das nun einmal im richtigen Leben. Zumindest in meinem.

Diese **Eigenverantwortung** gilt natürlich auch **für** die **Nutzung sämtlicher Inhalte** dieses Buches. Es sind ausschließlich persönliche Erfahrungen und gelerntes Wissen von mir, die keinerlei Allgemeingültigkeit oder letzte Wahrheit für sich beanspruchen. Und, meine Tipps und Schlussfolgerungen können natürlich nie im Ernstfall den Rat des Fachmannes, ob Arzt, Apotheker oder eines anderen Gesundheitsprofis ersetzen.

Bei den in diesem Buch genannten Websites und Literaturquellen handelt es sich um Angebote Dritter, für deren Inhalte die jeweiligen Autoren beziehungsweise Betreiber / Anbieter der Seiten verantwortlich sind. Ich habe hierauf keinerlei Einfluss und kann für die Inhalte keine Gewähr übernehmen. Ich habe die Seiten vor der Aufnahme geprüft und konnte dabei keine rechtswidrigen Inhalte erkennen. Inhalte können aber im Nachhinein ohne meine Kenntnis geändert worden sein.

Die Uhr tickt. Das ist Fakt. Ich wünsche allen ein höchstmögliches Maß an Vitalität, Glück, Lebenskraft und persönlicher Zufriedenheit - bis zum letzten Tick.

Werner Leippold

Literaturverzeichnis

Achilles, Armin, Achilles'Verse - Mein Leben als Läufer, Hamburg 2008

Bauer, Joachim, Das Gedächtnis des Körpers – wie Beziehungen und Lebensstile unsere Gene steuern, München 2012

Bischoff, Christian, Willenskraft – warum Talent gnadenlos überschätzt wird, Berlin 2011

Dürr, Hans-Peter, Warum es ums Ganze geht, München 2010

Enders, Giulia, Darm mit Charm - Alles über ein unterschätztes Organ, Berlin 2015

Grundl, Boris, Mach mich glücklich - Wie Sie das bekommen, was jeder haben will, Berlin 2014

Haetzel, Klaus, Wege auf Wasser und Feuer - Vom Krebspatienten zum Ultraman, Leipzig 2016

Halle, Martin, Prof. Dr. med., Endlich fit – Schritt für Schritt – das 10-Wochen-Programm, München 2014

Halle, Martin, Prof. Dr. med., Jung bleiben mit gesunden Gefäßen, München 2016

Mockridge, Bill, In alter Frische - Ein grauer Star packt's an, Köln 2015

Murakami, Haruki, Wovon ich rede, wenn ich vom Laufen rede, Köln 2008

Pearson, Helen, The Life Project: The Extraordinary Story of Our Ordinary Lives." Allen Lane, London 2016

Ricard, Matthieu, Glück, München 2009

Schmid, Wilhelm, Gelassenheit - Was wir gewinnen, wenn wir älter werden, Berlin 2014

Strelecky, John, Das Café am Rande der Welt, dtv-Verlag, 2007

Strunz, Ulrich, Dr. med., Der Schlüssel zur Gesundheit – Erfahrungen und Überzeugungen eines passionierten Arztes, München 2016

Strunz, Ulrich, Dr. med., Der Gen-Code, systemed Verlag, Lünen 2013

Strunz, Ulrich, Dr. med., Das Muskelbuch, GU Verlag, 5. Auflage, 2005.

Strunz, Ulrich, Dr. med., Das Geheimnis der Gesundheit, München 2010

Tausch, Reinhard: Verzeihen, die doppelte Wohltat. In: Psychologie heute, April 1993, S. 20–26.

Ware, Bronnie, Leben ohne Reue, 52 Impulse, die uns daran erinnern, was wirklich wichtig ist, München 2014

Wührer, Klaus, Prophylaxe und Therapie durch artgerechte Ernährung, Ortenburg 2015

www.5-tibeter.net

www.five-konzept.de

www.greif.de

www.healthtribune.eu

www.kieser-training.de

www.medx-training.net

www.milon.com

www.pocketstory.com/der-spiegel/die-douglas-babies

www.richtig-saunieren.de

www.richtig-schwitzen.de